Mara Jiménez

Acepta y vuela

De odiarme a amarme sin medida

Primera edición: mayo de 2022
Tercera reimpresión: febrero de 2023

© 2022, Mara Jiménez
https://www.marajimenez.com/
Autora representada por Sandra Bruna Agencia Literaria, S. L.
© 2022, Penguin Random House Grupo Editorial, S. A. U.
Travessera de Gràcia 47-49. 08021 Barcelona
© 2022, Ezequiel Tejero, por las ilustraciones del interior
Fotografía de la página 179: Ángela Candelas, @angelacandelasph

Printed in Spain – Impreso en España

ISBN: 978-84-18051-52-4
Depósito legal: B-5.261-2022

Compuesto en M. I. Maquetación, S. L.

Impreso en Gómez Aparicio, S. A.
Casarrubuelos (Madrid)

PB 5 1 5 2 A

ÍNDICE

YO SOY

«Cuando dices "Yo soy", estás definiendo quién tú eres en vez de dejar que sea el resto quien te defina», explica Laín García Calvo en su libro *La voz de tu alma*. He tardado tantos años en entender y aplicar a mi vida esas dos palabras aparentemente sencillas, que me cuesta creer que haya llegado el momento de no solo poder hacerlo sino también de transmitírtelo todo a ti, que hoy sostienes este libro entre tus manos.

Estas páginas son el resultado de unas vivencias a las que hoy encuentro motivo y propósito. Claro que hay situaciones que desearía no volver a vivir, algunas que me encantaría borrar de mi historia y otras a las que realmente no les he encontrado un sentido y me han parecido injustas. Lo que sí he entendido es que para mí, desde mi prisma, la vida es así: altos y bajos, alegrías y descontentos, lágrimas y carcajadas. Es un ir y venir de emociones, de situaciones; hay cosas que entendemos y otras que no, circunstancias de las que aprendemos y otras que siempre serán una incógnita. Pero mi único recurso para seguir hoy latiendo es tratar de encontrarme en cada nueva experiencia, buscar un «para qué» que me ayude a crecer. Al fin y al cabo, los humanos siempre queremos llevarlo todo a la razón, pasarlo por nuestra mente. Como digo, esta ha sido y es mi forma de vivir.

Nada de lo que leerás en los siguientes capítulos es la verdad absoluta, ni un dogma, ni un manual de instrucciones infalible para la vida. Es tan solo la experiencia de alguien que ha conseguido sacarle luz a su oscuridad. Alguien que seguirá preguntándole *por qué* a la vida muchas veces; alguien que se equivoca, que a veces aprende, que se cae y se levanta, a quien a menudo le toca lamerse las heridas y que, por encima de todo, trata de confiar siempre en la vida.

¿Es esto un libro de autoayuda? (¿Sí? ¿No?). ¿Son estas mis memorias? (¿Puede ser? ¿Para nada?). Como todo en la vida, la respuesta a esas preguntas dependerá de la persona que las responda. Habrá quienes amen este libro, quienes se vean reflejados, pero también quienes no encuentren ninguna similitud con sus experiencias, quienes lo lean por pura curiosidad. Solo me encantaría invitarte a leerme a corazón abierto, aunque a veces discrepemos. Al fin y al cabo, este libro está cien por cien escrito desde mi perspectiva y mi vivencia, de ahí que sea un relato bastante subjetivo.

Las primeras veces que alguien me decía «Me inspiras», «Tu historia me ayuda a quererme», «Haces que me sienta mejor conmigo misma»..., sencillamente no podía creerlo. Mi historia, esa historia que en tantas ocasiones he deseado borrar y empezar de nuevo..., ¿podía servirle a alguien? Por eso ahora te la ofrezco así. Por si puede serte útil, por si puede arrojar un poquito de luz. Siento que a veces escuchar a otros nos permite hacer «clic» y deseo con todo mi corazón que estas páginas te ayuden a hacerlo.

Desnudarme de esta forma no ha sido nada fácil. En este libro está cada herida que ha sangrado durante años. Hay pasajes de mi historia que relato por primera vez. Te pediría que me leyeras con cariño, pero intuyo que, si has decidido tener mi libro en tus manos, es porque seguramente ya me mires con afecto.

Quiero dar las gracias a todas las personas que forman parte de este proceso:

A Gonzalo, por mandarme ese mail que lo cambiaría todo. Nunca podré agradeceros lo suficiente que me hayáis dado esta oportunidad que tantas veces soñé.

A Júlia y Sandra, por haberme acompañado en este proceso en un eterno abrazo cálido. *Gràcies de tot cor.*

A Ezequiel, por sonreír fuerte el día que te propuse acompañarme en este viaje y por ponerle todo tu amor y tu talento.

A mis padres, por darme la vida y tejer mis alas, empujándome siempre a vivir a todo pulmón. Por inculcarme la pasión por las letras y la música. ¿Qué sería yo sin eso ahora?

A mis abuelos Teo, Paquita, Antonio y Virtu, porque su historia es la mía y me acompañará siempre junto con los mejores consejos de mi vida.

A mis amigos, por escucharme con tanto amor. Sé que, aun sin mencionaros, sabéis quiénes sois.

A todas mis «personas maestro» (luego os hablaré de este término), por haber marcado mi vida con cada experiencia que hoy me hace ser quien soy.

A toda mi comunidad de *croquetillas*, que seguramente estarán leyendo este libro. Gracias por este maravilloso viaje, por vuestro cariño y apoyo infinitos. Sois motor.

Y, por último, a la persona que me enseñó a mirarme con amor. A ti, mi Bebi, gracias por tu infinita paciencia, por releer conmigo cada capítulo y ayudarme a salir de mis bucles infinitos. Gracias por formar parte de mi historia y por hacerlo de una manera tan bonita. Te quiero por siempre, mi A. J.

Y a ti, Mara. Míranos, contra todo pronóstico…

Capítulo 1

Gorda

GENTE GORDA HACIENDO COSAS,
¿dígame?

Hay una chica gorda en tu clase y te dedicas a insultarla porque te divierte verla sufrir y te hace sentirte superior.

Creo que lo que realmente debes entender es que en este mundo todos merecemos el mismo respeto y tenemos el mismo derecho a brillar. Si tú necesitas pisotear a otros para sentirte bien es porque probablemente no tienes muy clara tu propia valía, así que lo mejor será que empieces por arreglar eso y dejes vivir al resto.

Gracias por tu llamada.

En realidad, mi barriga nunca me había molestado. Hasta que vi que mis amigas podían enseñarla y yo no, hasta que recibí el primer insulto en clase, ese «gorda» acompañado de cuchicheos, de risas y de vacío. Hasta entonces creo que fui muy feliz.

Desde muy pequeña mi simpatía y desparpajo me definían. Mi padre conserva los cientos de vídeos que me grababa en los que salía cantando, bailando o animando cualquier celebración familiar. Suelen decirme que la banda sonora de mi casa era mi risa, presente a todas horas. Me gustaba cantar, bailar, pintar, disfrazarme. Convertir todo esto en mi profesión fue una decisión puramente vocacional. Siempre he sido muy sensible, lo que se me ha señalado muchas veces como algo negativo, aunque ahora por fin haya aprendido a abrazarlo.

De niña me encantaba quedarme en casa jugando. Mis padres dicen que fui muy tranquila y no demasiado fan de los parques. Podía pasarme horas viendo *Pingu*, *Marco* o *Heidi* y escuchando las canciones de Chayanne. Soy hija única, por lo que siempre tuve la atención plena de mis padres y de mis abuelos, con quienes pasaba las tardes a la salida del colegio. La semana que me tocaba con mi yaya Paquita y mi yayo Teo, me preparaban un bocadillo de salchicha con kétchup y mi abuelo me llevaba a «los veinte duros» (que era como se llamaba a los bazares en ese momento) para comprarme algún conjunto de joyas de plástico, un cuaderno para colorear o un juguete con el que entretenerme. La semana que estaba en casa de mi yaya Virtu y mi yayo Antonio, mi abuela me enseñaba a leer con sopas de letras y crucigramas y yo ayudaba a mi abuelo a montar unas piezas de goma que hacía en su trabajo.

Mis padres trabajaban mucho, pero siempre conseguían sacar ratos para hacer cosas todos juntos, como viajar o ir a comer a un restaurante los domingos. Crecí en un hogar en el que, aun faltando muchas herramientas emocionales, siempre recibí cariño y amor. La relación entre ellos no era buena y sin duda es algo que ha marcado mi vida en muchos aspectos, pero, en lo que a mí respecta, sé que trataron de hacer las cosas lo mejor posible, movidos por su amor hacia mí, con las herramientas y experiencias que tenían en ese momento. Mis padres siempre me han apoyado en mis sueños, han confiado en mis capacidades para lograr mis objetivos y me han impulsado a estudiar lo que quería, a conseguir un buen trabajo, a viajar, a salir con mis amigas. Nunca me han puesto frenos a la hora de decidir cómo quería llevar mi vida, lo cual es sumamente valioso para mí. Siempre he volado sabiendo que, a la vuelta, ellos apoyarían mis decisiones y que me recogerían en los malos momentos. Tampoco han faltado a ninguno de mis festivales de teatro, canto o danza (y eso que algunos han sido verdaderos tostones, pero aun así les gustaba acompañarme). Ellos me han inculcado los valores del respeto, del esfuerzo, de la generosidad. Y lo que no supieron atender o gestionar eran cosas que no comprendían por estar muy lejos de su realidad. Sé que no tenían la intención de herirme y que merecen que les honre por intentar darme una buena vida pese a los errores que cometiesen. Hoy sé que esos automatismos que uno tiene según cómo le hayan educado o cómo haya vivido su infancia salen sin que seamos conscientes de ello muchas veces. Mis padres, pese a ser jóvenes, forman parte de una generación en la que solo importaba la fuerza física y la realización personal basada en tener trabajo, esposa e hijos. No había espacio para la autoestima, el desarrollo personal, la responsabilidad afectiva, la gestión emocional. Y al final, desde que nacemos, somos el resultado de lo que aprendemos de nuestro entorno. Yo soy el resultado de ese amor que me dieron, de la carga genética que nos vincula y de todo lo que me han permitido aprender de ellos hasta cuando no pretendían enseñarme.

A los nueve años empecé a desarrollarme. Mi cuerpo sencillamente cambió. Hasta entonces había tenido un cuerpo normativo, pero a partir de ahí empecé a ser bastante alta para mi edad, tenía la cara muy redonda, mofletes y barriga pronunciados, el cuerpo ancho. Intuí que eso no era bueno cuando en los festivales de danza mi vestuario tenía más tela que el de las demás o cuando me hacían bajarme el top y subirme la falda para taparme la barriga. También recuerdo los cumpleaños en los que mi madre me miraba nerviosa por si pedía otro bocadillo o cuando me susurraba «No comas más pan» en alguna comida familiar. Por ello, además de considerar mi cuerpo poco válido, conozco la vergüenza y la culpa desde que era pequeña.

En esas situaciones eres incapaz de comprender el porqué de todos esos comentarios referentes a tu cuerpo. Solo sabes que te afectan cuando te ruborizas o notas las lágrimas brotar con un nudo en el estómago. Como cualquier niña a esa edad, lo único que buscaba era sentirme querida y valorada. En casa no solíamos hablar de nuestras emociones ni tampoco trabajé en mi autoestima, término que escuché por primera vez muchos años después. Supongo que es difícil tratar algo que no está bien en ti y de lo que ni siquiera eres consciente.

En mi colegio había una sola línea por curso, por lo que el número de alumnos no era muy elevado y se sentía casi como una familia. Todos jugábamos con todos y como en mi clase éramos muy creativos, siempre andábamos inventando alguna canción o recreando escenas de nuestras series favoritas. Cuando llegamos a cuarto, todo cambió. Tuvimos una profesora de cincuenta y muchos y rostro serio que todos los días nos decía a sus veinticinco alumnos de nueve años cosas como «Tú te callas» o «Tú no vas a llegar a nada». Además, nos gritaba y nos castigaba sin recreo o nos echaba fuera de la clase por cualquier razón que le pareciera conveniente. Durante los dos cursos siguientes, tuvimos una nueva tutora que había llegado nueva al colegio y que, lejos de actuar diferente, agravó todavía más el discurso rígido y destructivo hacia nosotros. Tristemente, todavía hoy pensamos que este tipo de cosas no afectan a la salud mental de los niños y que son inmunes a estos ataques cuando en realidad están en la edad más vulnerable. La mayoría de mis compañeros, casi veinte años después, seguimos recordando a la perfección todas esas «batallitas» que vivimos en el colegio y que dejaron en nosotros una huella dolorosa y para nada positiva, así que es importante que le demos a esta cuestión el valor que merece para no dejar la educación de nuestros menores en manos de personas que pueden perjudicar gravemente su estabilidad y salud mental.

En mi caso, la situación con la profesora me generaba mucha ansiedad y a ello se le sumaron las primeras burlas. Lo recuerdo como algo confuso porque las mismas personas con las que estuviera jugando en el recreo, podían decidir dejar de hablarme o reírse de mí justo esa tarde. Era un tira y afloja constante, y recuerdo con tristeza que yo también seguía el rollo cuando se lo hacían a otros para sentirme parte del grupo. Para los adultos eran «cosas de niños», no se hablaba del bullying en los mismos términos que se habla hoy, aunque también entiendo que pueda haber casos de niños con buena autoestima a los que esa burla no les afecte gracias al trabajo de base. Sin embargo, no era mi caso y a mí me marcó la vida. Aprendí a avergonzarme de mi cuerpo y que este podía ser rechazado por su tamaño. En casa, veía que la solución era controlar los alimentos y las cantidades y, sin duda, ese fue el inicio de todo lo que vino después. Creo que es importante concienciarnos de que nuestras palabras pueden marcar radicalmente la vida de otra persona y mucho más si se trata de un niño.

Todavía me estremezco al rememorar aquellos mediodías en los que empezaba a dolerme la barriga porque sabía que tenía que salir de casa para volver al colegio. Recuerdo con angustia abrir mi cuenta de Messenger, que era el medio que teníamos entonces para comunicarnos de forma instantánea, por si me habían escrito algún insulto o un «No queremos jugar contigo porque eres una vaca». No quería contárselo a mis padres porque las veces que lo había hecho se enfadaron y su reacción fue «decirles cuatro cosas» a quienes me mandaban esos mensajes en la puerta del colegio, lo cual me daba una vergüenza horrible y realmente no solucionaba nada, sino todo lo contrario. Todo el mundo acababa enterándose de lo que había pasado y las consecuencias para mí eran mucho peores. Eso sin contar con que mi profesora consideraba a mis padres unos irresponsables por actuar de esa forma. Todo mal. Ni ellos ni yo teníamos ninguna herramienta que nos permitiera gestionar esa situación, por lo que la ansiedad crecía y crecía en mí. Las profesoras se limitaban a decir que yo era una niña muy quejica, que lloraba por todo y que necesitaba un psicólogo porque en clase no se apreciaba nada de ese acoso que yo relataba. La verdad es que no me hubiera ido nada mal acudir a un profesional en ese momento (algo que, como siempre, no se consideró necesario por parte de mi entorno), pero desde luego su respuesta al acoso fue muy irresponsable. Solo hacía falta prestar un poco más de atención o, como mínimo, mirar más atentamente en vez de negar lo que les estaba contando y que me estaba haciendo sufrir muchísimo. Pero bueno, en fin, se ve que eso era mucho pedir.

Tenía la esperanza de que cambiar de centro al entrar en el instituto podría ser un nuevo comienzo. Este era mucho más grande y todos los compañeros del colegio estaríamos repartidos por las diferentes clases, por lo que pensé que sería algo positivo. Sentía rabia por lo que me hacían mis compañeros, pero lo verdaderamente peligroso era que había aprendido a normalizar el hecho de relacionarme de esa forma tan violenta para mí y la aceptaba como válida, lo cual abrió la puerta a muchas cosas que te contaré más adelante.

El bullying es mucho más que el insulto en sí. Es la vergüenza que te hacen pasar, el asco que te hacen sentir hacia ti misma; son la ira y la impotencia de no saber cómo actuar. Lo que para ti es una palabra sin importancia puede significar un mundo para la otra persona, porque no sabes lo que lleva ya en su mochila. En el instituto viví momentos muy complicados. Los nuevos compañeros me gritaban «vaca», «foca», «ballena» y similares (en su mayoría, animales que ahora considero adorables) mientras abría mi taquilla en medio de un pasillo repleto de gente. Cuando respondía al profesor en clase, había alumnos que soltaban «Cállate, gorda» con un tono cargado de juicio, y nadie hacía nada. Las puertas eran de madera con un pequeño cristal en el centro, por donde podías ver el interior del aula. Cuando estaba en clase, algunos chavales de otras clases me llamaban desde fuera para que, al mirarlos, los viera mugir como las vacas y reírse a carcajadas. Creo que este último es el recuerdo que tengo más grabado a fuego por ser de los más traumáticos, pero solo son algunos ejemplos de tantos. Cualquier lugar en ese instituto era un espacio hostil y apto para recibir un insulto, un empujón o una mirada de asco. Todo el mundo me recomendaba que «pasara de ellos», pero lo que yo necesitaba eran herramientas que me permitieran reconocer mi valía y entender que sus opiniones no me definían, no ignorar que aquello me dolía. A mí el «pasar de ellos» solo me generaba más ira, más impotencia, más rabia, más enojo, más culpa. Me volví irascible, contestaba a todo el mundo y me enfadaba por cualquier cosa. Llamaba la atención montando broncas, gritando a cualquiera que me hablara, y eso hizo que en el colegio me ganase mala fama y que los profesores decidieran hacer todavía menos por mí, que ya es decir. No quedó rastro de la Mara dulce y alegre de antes.

Todo lo que sucedía en el instituto se sumaba a lo que había pasado en el colegio y a la situación en mi casa, lo que resultó en un odio brutal hacia mi cuerpo. Pensaba a todas horas en la comida, en el tamaño de mi cuerpo, en las calorías, en cómo adelgazar, en operaciones estéticas (¡a los trece años!); me miraba la barriga constantemente, me daba vergüenza cambiarme frente a mis compañeras, me negaba a ir a las salidas a la piscina que organizaba el colegio. Todavía no sabía que estaba desarrollando un trastorno de la conducta alimentaria, pero sin duda este ya vivía conmigo antes del diagnóstico. Solo tenía ganas de que llegara un día en el que mis compañeros ya no se burlaran de mí. Ni siquiera les planteé a mis padres la posibilidad de cambiarme de centro, porque sentía que al menos ahí ya sabía a lo que me exponía cuando llegaba cada mañana. En cambio, el terror que me daba ir a otro sitio y, encima de ser la gorda, ser también la nueva. En mi cabeza era horrible.

Me pasé años odiando a mis agresores. Sentía que habían destrozado mi infancia, pero no tuve herramientas para impedirlo, y eso me hacía sentir sumamente culpable. Ese tira y afloja del que he hablado antes, ese «hoy somos tus amigos, pero mañana no» me desconcertaba, me hacía sentir todavía más vulnerable y desconfiada con la gente. He pasado mucho tiempo cargando un rencor en la mochila que solo me impedía avanzar a mí mientras el mundo seguía girando. Una vez, hará unos tres años, fui a un bar con unos amigos y en él trabajaba de camarero uno de los compañeros que más se metió conmigo en el colegio. Yo procuré tratarle con respeto e incluso llevarme bien con él, pero aun así acabé llevándome sus burlas al final de la noche. Su compañero y él empezaron a bromear con mi nombre (Mara se parece a *mare,* que en catalán significa «madre», así que te podrás imaginar la de veces que me han repetido la broma y, sinceramente, nunca me ha afectado, en absoluto), pero después comenzaron a meterse con mi cuerpo. En ese momento quise pegarle. Así de claro te lo digo. Llevaba años guardando mis monstruos en un cajón, intentando pasar la página de un capítulo superdoloroso para mí, y ¿seguía teniendo que enfrentarme a esto? No le pegué. Me pilló en un momento en el que todavía era muy vulnerable y me limité a echarme a llorar. Tuve que abandonar el local y esperé en la puerta de casa a que se me pasara el disgusto. Mi padre me insistió en que denunciara, pero yo solo pensaba: ¿para qué? Está claro que no importa el tiempo que pase, hay personas que necesitan sentirse mejor de esa forma, y yo tuve miedo de que, una vez más, nadie hiciera nada por ayudarme. Todavía a veces me sorprendo pensando «si las cosas hubieran sido diferentes...», pero no lo fueron, me guste o no, así que me toca aceptar que lo hice lo mejor que supe con las herramientas que tenía. Todos lo hicimos, de hecho. De lo contrario, imagino que hubiera sabido reírme de sus críticas como hacían algunas de mis compañeras gracias a su buena autoestima. Hubiera logrado anteponerme a sus insultos, sentirme igual de valiosa pese a su opinión o quedarme mirándolos impasible mientras ellos soltaban sus mofas. Así es como me hubiera gustado hacerlo, como lo hago hoy, pero tengo que aceptar que en ese momento no sabía todo lo que sé ahora y que, precisamente, lo aprendido ha sido en parte debido a esta experiencia. Para mí, las personas que pasan por mi vida sí son mis maestras. Aunque a veces haya transcurrido mucho tiempo desde que se marcharan de mi vida, todas y cada una de ellas han logrado enseñarme partes de mí que desconocía, emociones que no había explorado, las cosas que quiero y las que no quiero en mi vida. Y mis agresores fueron grandes maestros. Ellos me descubrieron la mayor oscuridad que había en mí, la cual nunca más ha vuelto a asustarme. Me enseñaron la vergüenza hacia mí misma y el dolor más profundo que he sentido nunca. Me demostraron la aflicción que puede albergar una persona para pasarse la vida tratando de hacerle daño a otra. De ellos aprendí que, a veces, atacar al otro es la única forma de llenar un hueco que aun así permanece vacío, y que la forma de tratar a los demás es un reflejo enorme de cómo te sientes por dentro. Me enseñaron que la gente señala las diferencias porque al que no brilla le molesta la luz de los demás. Me desvelaron la importancia de hacerte fuerte, de valorarte más que nadie en el mundo, aunque lamentablemente he tardado muchos años en llegar a este punto, pero dicen que más vale tarde que nunca, ¿no?

Las únicas respuestas que he obtenido al hablar sobre los ataques han sido «Pasa de ellos» o «No hagas caso». Es curioso porque tendemos a responsabilizar a quien recibe el insulto o el odio y le decimos que la culpa es suya por hacer caso o prestar atención al ataque, como si no fuera igual de importante ayudar tanto a quien lo recibe como al que lo emite. Cada «no hagas caso» que me han dicho a lo largo de los años se me ha clavado en el corazón como un puñal afilado. «¿Cómo lo hago?», pensaba yo. Claro que quería ignorarlo y saberme válida y capaz por encima de sus insultos, pero nadie se encargó de enseñarme a hacerlo cuando tocaba. Con los años me di cuenta de cuán rotos se sentían ellos para ser capaces de hacer algo así. Eran unos niños de apenas trece o catorce años, algunos venían de familias desestructuradas y situaciones personales y académicas complicadas. Intentaban destacar gritando, liándola, liderando pandillas con las que hacer daño a otros, buscando la atención de los adultos en forma de castigo porque esa era la única manera en que la habían encontrado a lo largo de su vida. Había otros que se les unían por el propio miedo a ser las víctimas. Es más, muchas veces también lo eran. Se aliaban a los mismos que no dudaban en insultarlos o pegarles en un momento dado, pero preferían ese «trato privilegiado» a ser su presa constantemente, y así camuflaban sus inseguridades. Se sentían con un poder enorme por ser de la pandilla a la que todos temen, por la inmunidad que les permitía insultarme en medio de la clase sin reprimenda alguna por parte de los profesores. Pero en el fondo ellos también estaban rotos, y para mí no hay nada más triste que eso.

La realidad es que todos nacemos con la posibilidad de brillar, con un corazón bondadoso y repleto de luz que poco a poco se llena con las enseñanzas que recibimos, con la cultura en la que crecemos, con las experiencias de vida que acumulamos y con todas las emociones que se generan en ellas. Nadie nace odiando a los demás ni avergonzándose de su cuerpo, eso lo aprendemos después. De todo aquello que vayas añadiendo a la mochila dependerá hacia dónde se enfoque tu luz:

- Puede que nunca la dejes salir y permanezca escondida dentro de ti, porque te sientas triste, inferior al resto, con miedo, o pienses que no eres lo suficientemente válido para dejarla relucir.
- Puede que esa luz esté dominada por la ira, el dolor y el miedo que residen en ti, y por ello la utilices para buscar venganza, para que otros sufran lo mismo que tú y para hacer el mal.
- Puede que, a pesar de tus sufrimientos, decidas utilizar esa luz para hacer el bien y convertirte en la persona que realmente quieres ser.

Claro está que de niños no podemos hacer esto solos. Dependeremos de la ayuda de los adultos a la hora de llenar la mochila y aprender a enfocar nuestra luz. El problema es que solemos vivir de espaldas a la idea de que somos responsables de nuestra vida y que tenemos el poder de manejarla y crecer día a día, así que acostumbramos a poner el piloto automático y no prestamos atención a quién y cómo queremos ser o a educar bajo esa premisa. Nos limitamos a vivir llevados por la corriente, sin confiar en nuestra intuición, sin explorar nuestros ideales, sintiéndonos víctimas de las circunstancias y escudándonos en el famoso «yo soy así» para justificar nuestras pésimas acciones. Aunque las cosas se pongan muy feas (porque a todos nos pasa), siempre está en tu mano tener claro quién quieres ser y qué quieres aportar a esta vida para trabajar en esa dirección.

Como decía, es importante no olvidar que un niño aprende por repetición y vivirá acorde a lo que recibe de su zona segura (sus padres, familiares, amigos y entorno) porque así funciona el apego que desarrollamos desde bebés, de forma que:

- Si crezco oyendo gritos en mi casa, aprendo a comunicarme mediante los gritos.
- Si crezco en un entorno que me escucha, aprendo que soy valorado y aprendo a escuchar a otros.
- Si crezco rodeado de amor, me relaciono desde el amor.
- Si crezco con unos referentes de amor poco sanos, aprendo a relacionarme buscando esa toxicidad...

Y así con todo.

Por eso, en una situación de bullying también hay que atender al niño que insulta y a su entorno. Sé que *a priori* es chocante. Yo siempre había oído eso de «los niños son muy crueles» y me lo creí hasta el punto de imaginarme a quienes me insultaban como pequeños bebés malignos que, desde el momento en que nacieron, empezaron a hacer el mal. No nos engañemos, esto no es así. Cuando adquieres perspectiva te das cuenta de que ese niño no tiene otra forma de sentirse poderoso, de ganar atención e incluso de comunicarse. ¿Hay algo menos funcional que eso?

Ojalá alguien nos hubiera hecho ver a todos lo equivocados que estábamos, cada uno a nuestra manera. Ojalá alguien se hubiera sentado a demostrarnos nuestra propia valía, nuestras capacidades, nuestras virtudes y todo lo bueno que albergábamos en nosotros mismos. Ojalá se hubieran preocupado por cada una de nuestras realidades y situaciones personales para atenderlas y abordar de la forma correcta la situación que estábamos viviendo en el instituto. Lo deseo de corazón. A todos nos hubiera ayudado para saber gestionar lo que vivimos. Por el contrario, en nuestro centro educativo se desentendían completamente de todo lo que pasaba entre esas cuatro paredes. No fui la única que sufrió bullying allí, ni mucho menos. Lo difícil sería encontrar alguien que no lo sufriera. Aquello era la mismísima jungla regida por la ley del más fuerte y pocos alumnos terminaron sus estudios sin haber vivido situaciones dolorosas. Todavía hoy me resulta chocante que alguien que dedique su vida a la docencia, a formar parte de la educación de tantos menores, pretenda mantenerse ajeno a lo que les sucede a nivel personal. Podría dedicarle varios capítulos al hastío y la falta de vocación que tenían el 99,9 por ciento del profesorado de mi instituto, pero me limitaré a advertir de lo peligroso que es dejar la educación de nuestros menores en manos de personas que no son conscientes del impacto que tiene su presencia en la vida de sus alumnos y que solo están dispuestos a abrir un libro y enseñar una lección, como si quienes tienen delante fueran seres inertes. Por desgracia, esto sigue pasando, y la pregunta que deberíamos hacernos es: ¿qué estamos haciendo con el bullying? ¿Cómo estamos afrontando la cantidad de suicidios infantiles y juveniles causados por el acoso escolar? Necesitamos que en los colegios haya un mínimo de implicación, y si los profesores no pueden por su carga de trabajo, tendrá que venir de la mano de organismos o personas capacitadas para incluir en el currículum actividades a favor de la gestión emocional. No podemos negar la cantidad de menores que temen acudir al centro educativo por lo que sucede allí dentro ante la mirada impasible de los profesores. Por favor, ESCUCHEMOS y EDUQUEMOS, tanto en casa como en los colegios e institutos. Los primeros años de nuestra vida son determinantes para nuestra edad adulta porque en ellos forjamos nuestra identidad, nuestras creencias, nuestro apego y nuestros miedos. En esa etapa, queridos adultos, os escuchamos, aprendemos de vosotros, os tenemos como referentes, queremos ser como vosotros y por eso es tan importante vuestra atención y vuestros cuidados. Los niños llegan a este mundo porque los adultos así lo decidimos y es nuestra responsabilidad ofrecerles un entorno seguro y estable donde desarrollarse. Escuchemos lo que tienen que contarnos de forma objetiva y empática y eduquemos en valores de respeto, igualdad y gestión emocional. Los menores tienen que saberse válidos y aprender a trabajar en su interior desde edades tempranas para conocer y explotar su propia valía y desarrollar así herramientas que les permitan atravesar el odio de otros con compasión y seguridad. Mientras no abramos estos espacios, miles de niños y niñas seguirán teniendo miedo y angustia por sentirse vulnerables y no saber cómo reaccionar. ¿A qué estamos esperando? Porque si no ponemos atención a su educación, seguirán perpetuando el comportamiento machista con el que todavía se trata a las mujeres, así como los modelos de relaciones de maltrato que desgraciadamente permanecen silenciados y normalizados. Es más, cuando empiecen a navegar en internet y descubran las redes sociales, algo que cada vez sucede más pronto, no dudarán en continuar con la moda del insulto y el acoso tras una cuenta falsa. Son los futuros adultos que crecerán con heridas no sanadas si no las atendemos a tiempo, y que terminarán arraigadas por no considerarlas importantes o por vergüenza a pedir ayuda si su salud mental se ve afectada. Por favor, pongamos nuestros esfuerzos en proteger a la infancia de esos mensajes nocivos. Seamos responsables de garantizar espacios seguros para los menores, de abrir espacios de debate donde puedan cuestionarse y sentirse libres de compartir lo que sienten, ayudemos a que desde pequeños conozcan sus aptitudes y sepan cómo no dejar que las opiniones del resto condicionen el concepto que tienen de sí mismos. ¿Cómo hacemos todo esto? ESCUCHANDO Y EDUCANDO, como primer paso. Dejemos de pensar que los niños «no se enteran» y empecemos a prestar atención a lo que tienen que decirnos. Atendamos con amor sus necesidades, inculquémosles los valores que los convertirán en adultos sanos emocionalmente, respetando su privacidad, sus gustos, su personalidad. Eduquémoslos en el respeto, la tolerancia, la igualdad, recordándoles que son seres libres y capaces desde bien pequeños e incluso hablándoles del odio como la forma menos efectiva de ser felices. Los niños no solo necesitan una habitación llena de juguetes, sino también una mente capaz de afrontar lo que la vida les traiga, y de eso es precisamente de lo que somos responsables los adultos. Tenemos la opción de perpetuar nuestras heridas y frustraciones en ellos o de ofrecerles una realidad distinta a la que nosotros hemos vivido.

Yo podría ofrecerles a mis hijos, si es que algún día decido tenerlos, un entorno familiar hostil en el que constantemente me oigan discutir, gritar, enfadarme o rechazar las muestras de cariño de mi pareja. Podría hacerles escuchar de mi boca comentarios discriminatorios o humillantes sobre otras personas, podrían oírme hablar mal de mi cuerpo y del suyo constantemente o incluso podría transmitirles rabia y odio hacia las personas que se porten mal con ellos. Podría elegir todo eso si quisiera que mis hijos crecieran repitiendo los patrones que yo he seguido durante más de la mitad de mi vida... o podría tratar de ofrecerles algo distinto para intentar protegerlos de aquellas cosas que yo ya he vivido, y digo intentar porque sé que nada garantiza evitar el dolor de otra persona. La pregunta que debemos hacernos es: ¿qué queremos ofrecer a las personas con las que nos cruzamos? En mi opinión, ahora que sé todo esto, prefiero que la gente que se acerque a mí encuentre calma, amor, comprensión, empatía, respeto, cobijo. Aunque, ojo, no quisiera yo que nadie piense que dar conmigo en la vida es dar con un enorme algodón de azúcar tierno y dulce. Bueno..., quizá un poco sí, vale, lo reconozco (guiño). Me seguiré topando con mi carácter fuerte y dudo si algún día lograré aquietarlo, al igual que mi alta sensibilidad, que aflora en todo momento, y los cientos de defectos que por supuesto tengo, como humana que soy. Tuve que elegir entre las croquetas o ser perfecta, amiga, siento decepcionarte...

Retomando mis años de adolescencia, ya llevaba casi cinco años recibiendo mensajes que me indicaban que mi cuerpo no era válido, se me restringían algunos alimentos como la pasta, el arroz, el pan, el chocolate. Mi vida giraba en torno a mi cuerpo y la vergüenza que sentía hacia él. Llevaba tiempo soñando con levantarme una mañana y haber dado «el estirón» del que tanto oía hablar a los adultos y con el que aseguraban que mi cuerpo cambiaría, y así empezó una etapa que he encerrado dentro de mí durante tanto tiempo. Una etapa agridulce que debería haber estado llena de buenos recuerdos, que en mi caso quedaron enturbiados por el dolor. Un dolor que he conseguido transformar después de muchísimo trabajo, pero que, en ese momento, tan solo empezaba a multiplicarse...

Capítulo 2

¿Por qué me haces esto?

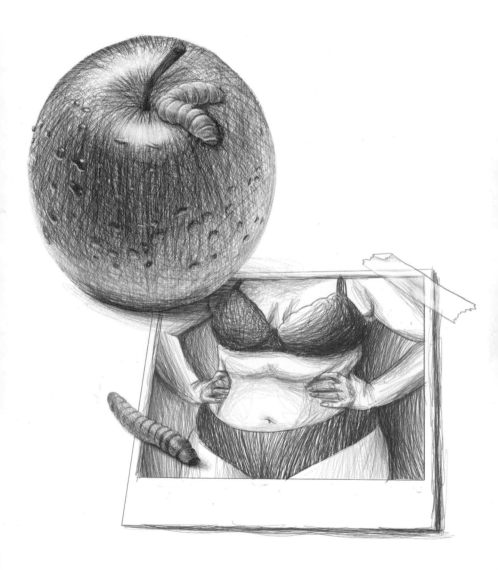

GENTE GORDA HACIENDO COSAS,
¿dígame?

Crees que las personas gordas que tienen un trastorno de la conducta alimentaria solo buscan llamar la atención para no tener que esforzarse en adelgazar.

¿Te has planteado el enorme sufrimiento que ese trastorno implica para ellas y que pueden estar necesitando tu ayuda en vez de tu juicio? ¿De verdad piensas que alguien elegiría enfermar de esa manera solo para llamar la atención?

Creo que deberías comprender que las personas gordas están hartas de intentar adelgazar para que personas como tú dejéis de juzgarlas de esta forma tan egoísta. Quizá el problema es que para vosotras nunca será suficiente el esfuerzo de las otras y preferiráis que alguien enferme con tal de estar delgada.

Gracias por tu llamada.

NOTA IMPORTANTE: Este capítulo relata mi experiencia con los trastornos de la conducta alimentaria (de ahora en adelante, TCA). Puede resultar explícito y doloroso para ti si estás atravesando este trastorno, por lo que es importante que no sigas leyendo si crees que esto puede agravar tu TCA o entorpecer tu proceso. En ningún caso pretendo compartir este tramo de mi historia con un tono jocoso, sino todo lo contrario: mi intención es alarmar del peligro real que supone sufrir un TCA y ayudarte a comprender la destructiva sutileza con la que puede entrar en tu vida. Por favor, te ruego que pases directamente al siguiente capítulo si sientes que puede afectarte en lo más mínimo.

Los trastornos de la conducta alimentaria son trastornos mentales y físicos graves que se caracterizan por una alteración de la conducta alimentaria y una fuerte preocupación por la comida, el cuerpo y el peso. Tal y como lo explica en sus redes sociales mi querida Fer, de @foodfreedommx, los TCA «son la elección que hace la mente para expresar una angustia emocional que no pudo ser expresada de otra manera». Es uno de los trastornos mentales con mayor mortalidad y hay varios tipos dependiendo de las conductas que se den y la frecuencia con la que estas aparezcan: anorexia atípica, anorexia nerviosa, bulimia nerviosa, trastorno por atracón, TCANE (trastorno de conducta alimentaria no especificado), vigorexia, ortorexia, pica, trastorno por rumiación, trastorno por evitación/restricción de los alimentos, etcétera. Independientemente de estos factores o de cuál sea el diagnóstico, el sufrimiento es igual de importante en todos ellos. Tienen un origen multifactorial, por lo que cada TCA se dará por un motivo que debe tratarse de manera personalizada en cada paciente. Los TCA no se ven ni tienen una apariencia determinada, al contrario de lo que muchas personas creen. Aunque hay una mayor incidencia en las mujeres de entre doce y dieciocho años, cualquier persona independientemente de su edad, sexo, género y tamaño corporal puede sufrirlos. Los TCA no se eligen, no son un capricho, son un problema de salud grave que debe tratarse y que, pese a lo que se ha creído y mitificado durante mucho tiempo, sí tienen cura. El tratamiento de recuperación deberá ser multidisciplinar para abordarlo desde la psicología, la psiquiatría y la nutrición especializada, y así aprender a gestionar cada reacción que nuestro cerebro ha mecanizado mediante la comida y buscar una forma más funcional de afrontar nuestra vida. A día de hoy, afortunadamente, hay cada vez más información sobre estos trastornos, por si quieres saber más sobre ellos. Por mi parte, voy a dejarte aquellos recursos que han sido útiles y valiosos para mí en el anexo de este libro.

Siempre digo que, aunque los TCA ya se estaban instaurando en mí debido a los pensamientos distorsionados sobre la comida y mi cuerpo, me topé con ellos y se convirtieron en lo que creía que iba a ser mi salvación. Escuché por primera vez el término «anorexia» a raíz de una serie de televisión mexicana de la que era muy fan. Viendo en YouTube una de los miles de entrevistas a las protagonistas, comentaban que una de las actrices había adelgazado mucho debido a la anorexia y decidí buscar de qué se trataba.

Encontré de todo en internet, menos lo que necesitaba. Lejos de toparme con un contenido alarmante y divulgativo sobre los peligros de este trastorno, se me abrió un abanico amplísimo de páginas en las que básicamente se compartían trucos y consejos como si de un estilo de vida se tratara. No voy a entrar en detalles porque me da miedo que te generen lo mismo que me provocaron a mí, pero quiero que entiendas lo peligroso que es y lo mucho que puede destrozar tu vida un trastorno como este. No es un juego, no es un estilo de vida que defender, es algo por lo que mereces ser acompañada hasta salir de ahí. Actualmente estos foros se han extrapolado a WhatsApp, como he podido confirmar hace poco, así que se continúan abriendo estos peligrosos espacios que, por desgracia, todavía siguen sin poder regularse a nivel legal.

Empecé a vomitar algunas veces. Lo hacía recelosa, porque desde pequeña se me rompían los capilares de la cara al devolver y eso contrastaba con el buen aspecto que mi piel acostumbraba a tener, por lo que mis padres sabrían perfectamente a lo que se debían las manchas rojas que me salían. Además, la sensación que se me quedaba después no era el alivio que leía en las páginas de internet, sino que me sentía con el estómago vacío, sí, pero también con una culpabilidad y una vergüenza enormes. Evitaba todas las situaciones que implicaran comida, pero el día que mis padres me daban dinero para el recreo lo invertía en todo aquello que mi madre no me dejaba comer y me daba atracones. A nivel psicológico me sentía apagada, triste, ansiosa. Ir al colegio era un suplicio por todo lo que me ocurría allí y, fuera de él, también lo era porque mi mente no paraba de repetirme que no cabía en este mundo. Ni siquiera aquellas cosas que siempre me habían hecho feliz lo hacían ahora. No disfrutaba de las clases de teatro ni las de canto ni las de baile porque me sentía constantemente juzgada por los demás. «Pensarán que estoy supergorda», «Seguro que se están riendo de mí», «Estoy haciendo el ridículo», y otras frases del estilo se repetían todo el tiempo en mi cabeza y, de esa sensación, nació la autoexigencia tan enorme de la que todavía hoy arrastro gran parte. Me volví superrígida conmigo misma y muy cruel con mis errores. Era tal el miedo que tenía a que se burlaran de mí o me juzgaran que intentaba pasar lo más desapercibida posible para no llamar la atención ni equivocarme frente a los demás. El simple hecho de responder algo en clase que no fuera correcto, de equivocarme en un paso de la coreografía o en una frase del texto suponía una vergüenza y una culpa enormes para mí, lo que desembocaba en conductas compensatorias y restrictivas con la comida a modo de castigo. Esa autoexigencia es algo que, aunque ya no sea tan fuerte como antes, todavía sigo trabajando en mi día a día.

Empecé a sentirme desmotivada y mi único pensamiento giraba en torno a mi cuerpo y la manera de hacerlo más pequeño. En clase estaba desconectada, no quería relacionarme con mis compañeros ni participar en ninguna actividad. Quizá con esto buscaba pedir socorro de forma silenciosa, intentar llamar la atención de quienes me rodeaban. No lo sé, la cuestión es que tan solo una persona pareció notar que algo no iba bien. Fue mi profesor de inglés, un hombre con el que siempre me había llevado muy bien porque impartía mi asignatura favorita. Para él, que yo no participara o hiciera preguntas para entender mejor el temario era sinónimo de que algo no andaba bien, así que un día después de clase me preguntó directamente y decidí contarle lo que me estaba pasando. Todavía recuerdo el brillo en sus ojos cuando pronuncié la frase «Creo que tengo un problema con la comida». Me respondió que se encargaría de hablar con el centro educativo y me pidió que hablara con mis padres. Sin él saberlo, me regaló la única respuesta de cobijo y consuelo que he recibido con mi TCA: «Eres una niña increíble, vales muchísimo, Mara, tienes que salir de esta». *Gràcies*, Salvador. Seguramente nunca leas esto, pero eres el único que se esforzó por comprenderme.

Llegué a casa y mi madre estaba haciendo la comida. Preparaba unos garbanzos salteados y unas hamburguesas de pollo. Lo especifico porque me parece muy fuerte el impacto que puede tener una situación traumática en nosotros como para recordar incluso el sabor y el olor de ese momento. De hecho, pese a que me encanta esa combinación de alimentos, todavía soy incapaz de comerla sin viajar directamente a ese instante. Me senté en la butaca de mi padre y le conté a mi madre lo mismo que a mi profesor de inglés, solo que esta vez me brotaban las lágrimas de los ojos; tenía la sensación de estar cayendo al vacío y de que necesitaba su rescate. Ella siguió preparando la comida, espátula en mano, cuando dijo: «Ya sabía yo que algún día saldrías con una tontería de esas. ¿Por qué me haces esto?».

No supe responder. Siguió con ese argumento, pero yo ya no la escuchaba. Solo podía llorar y oír en bucle la segunda frase. «¿Por qué me haces esto?», «¿Por qué me haces esto?», «¿Por qué me haces esto?». Entonces apareció mi padre. Recuerdo que, cuando supo lo que pasaba, se agachó a mi altura e intentó arroparme para mostrarme su comprensión..., pero ahí quedó el tema. Sin más, empezamos a comer como si esta historia no fuera con nosotros. Como respuesta a mi problema, se limitaron a prohibirme ir al baño después de comer (o si no tendría que dejar la puerta abierta) y a llevarme a una nutricionista no especializada en TCA que me puso una dieta restrictiva para perder peso. Sé que lo hicieron lo mejor que supieron, aunque definitivamente no fuera suficiente para ayudarme.

Dada su reacción, asocié *si vomito = mi madre no me quiere*, así que pensé que dejando de vomitar se iba a acabar el problema. Sin embargo, no funcionó, porque dentro de mí seguía la restricción, el miedo a engordar, el odio hacia mi cuerpo, la ansiedad, la obsesión constante con las calorías, la necesidad de examinar mi cuerpo en cada espejo para analizar si estaba más delgada, la culpa al comer, el complejo de inferioridad, la vergüenza a mostrar mi cuerpo, el llanto inconsolable delante del espejo, la costumbre de pesarme tres veces al día, los laxantes, la compensación, el ejercicio en ayunas hasta marearme, la manía de pellizcarme la barriga con fuerza mientras me insultaba. Y muchas cosas más que convirtieron mi vida en un verdadero infierno. Vivir en automático con todo eso metido dentro es agotador y es lo que me ha acompañado día sí, día también durante algo más de diez años.

Quizá te preguntes qué pasó con el centro educativo. Mi tutora de ese momento se reunió conmigo y supe que eso no iba a llegar a ningún lado cuando me dijo que ella también se provocaba el vómito esporádicamente. Así es, se supone que mi estabilidad emocional y mi salud mental estaban en manos de una persona igual o más enferma que yo. Lejos de ser un apoyo y un referente para mí, se convirtió en alguien más con quien no hablar de lo que me pasaba. La psicopedagoga del colegio, por otra parte, me citó para una sesión a la que nunca llegó a presentarse y, por más que solicité volver a concertarla, se me ignoró completamente. Esa fue la respuesta de un centro educativo que hoy en día sigue siendo muy reconocido en mi ciudad.

Sé que es dificilísimo imaginar lo que es convivir con un TCA para alguien que no lo ha sufrido. No te culpo. Podría decirte, como me dijo la primera psicóloga a la que acudí, que es un «gusanito» que habita dentro de ti y no deja de dar el follón.

Podría describirlo como un Pepito Grillo, una voz interna muy molesta que te aleja constantemente del placer y la alegría, pero siento que cualquier definición se quedaría corta y sería impersonal. Con los años he aprendido que los TCA se viven de formas superdistintas en cada persona y, en mi caso, fue disfuncional y agotador. Aprendí a mecanizar todas esas conductas que he mencionado como mi «ley de vida». Mi entorno no paraba de decirme que «a nosotras nos toca cerrar la boca para no engordar» y soltarme un «Mete la barriga» cuando tenía que hacerme una foto, caminar frente a mucha gente o si simplemente la ropa que llevaba me marcaba más esa parte. Sin embargo, pocas veces más se volvió a hablar de mi trastorno. Interioricé demasiado pronto la idea errónea de que para pertenecer a este mundo debía minimizarme, ocupar el menor espacio, hablar lo menos posible, contentar a todo el mundo, aunque tuviera que abandonarme a mí. Y así fui pasando los años con la única idea de perder peso y conseguir el cuerpo con el que soñaba ser feliz.

Es triste reconocer que no tengo recuerdos felices de mi adolescencia. Solo recuerdo con algo de luz el momento en el que, cuando tenía quince años, mi perro Panchi llegó a casa. El resto, oscuridad. Toda la vida te venden que la adolescencia va a ser la etapa más feliz, la de salir con tus amigas, conocer a chicos, ser la rebelde molona del colegio. Eso te genera unas expectativas que nadie te enseña a gestionar y después llega el batacazo cuando esos años se convierten en los más traumáticos de tu vida.

Le puse nombre a mi trastorno de la conducta alimentaria cuando tenía trece años y empecé a trabajarlo en terapia con dieciocho, cuando tuve algo más de independencia económica, momento en el que mi inestabilidad mental se hizo más evidente al sufrir la primera depresión. El problema fue que, después de haber pasado tantos años escuchando por parte de mi familia que la terapia es «un sacadineros», lo cual es COMPLETAMENTE ERRÓNEO, dejaba de ir en cuanto empezaba a encontrarme mejor. No sentía que tuviera un problema porque había dejado de vomitar muchos años atrás, ¿para qué iba a seguir yendo si el malestar o la ansiedad que me había hecho acudir parecían estar remitiendo? No me comprometía con la terapia porque no sentía que la necesitara. Lo mío eran inseguridades, falta de autoestima o relaciones disfuncionales, pero ¿TCA? Para mí eso formaba parte del pasado.

Qué equivocada estaba.

El TCA vivía camuflado en mí entre inseguridades y miedos que se reflejaban en cualquier ámbito de mi vida. En lo que respecta a mí misma y, como te contaba antes, mis días transcurrían bajo el inmenso deseo de adelgazar. Hice mi primera dieta con una nutricionista después de hablarle a mi madre del TCA y ese fue el inicio de mucho tiempo y miles de euros invertidos en lograr perder peso a cualquier precio, incluso a costa de mi salud. Los siguientes años se basaron en medir, pesar y contar cada cosa que comía y cada paso que daba. Odiaba los lunes que empezaban con una dieta nueva y esperaba con ansias los sábados, cuando me permitían la famosa *cheat meal* de «comida prohibida». Durante esa época celebraba cada gramo perdido y me odiaba por cada uno ganado. Vestía de negro y lloraba en los probadores. Me sentía la persona menos atractiva del mundo y pensaba que nadie querría estar a mi lado ni como pareja ni como amiga, así que mis relaciones tendían a ser disfuncionales y terriblemente dolorosas. Pensaba en comida a todas horas, pasaba mucha hambre, evitaba espacios que tuviera que compartir con otra gente, leía cada ingrediente y sustituía ciertos alimentos por otros más «sanos», buscaba *tips* y recetas *fit* para perder peso todo el rato. Recuerdo que esa angustia se hacía muy latente en determinadas épocas en las que sentía que mi TCA estaba más disparado que de costumbre. En 2017, por ejemplo, mi padre y yo hicimos un viaje precioso a Filipinas. Es un lugar maravilloso, lleno de rincones por descubrir, playas que disfrutar. Bien, para mí fue imposible vivirlo de esa manera porque estuve más de la mitad del viaje sin ser capaz de mirarme al espejo. Sentía asco al ver mi cuerpo en bañador. Me sentía indeseable, solo salía de mí un odio profundo hacia mi cuerpo. Cada vez que tenía que salir del apartamento para empezar un nuevo día me daban ataques de pánico muy fuertes. Intentaba comer fruta únicamente y, como veía que no era algo que pudiera compartir porque seguían sin entender lo que me estaba pasando, aprendí a disimularlo todo a golpe de «No tengo hambre» u «Hoy me encuentro un poco mal». Como estaba gorda, que no quisiera comer mucho nunca fue algo que llamara la atención.

Si de por sí sufrir un TCA es duro, imagina hacerlo en un cuerpo al que constantemente se le invita a adelgazar. Para los demás, mi problema se acabaría cuando estuviera delgada, y de ahí que ese fuera mi discurso interno constante. Creo que en realidad nadie confió nunca en mi diagnóstico. No se convencieron de que lo mío era una enfermedad y yo aprendí a disimularlo porque también lo creí. Pensaba que mi dolor no era tal porque mi problema era estar gorda y nada más. No me consideré merecedora de recibir ayuda y cuando la buscaba, tampoco recibí el cobijo que necesité.

Eso es lo que ha significado para mí convivir con un TCA. Han sido años caminando con un enorme peso atado al tobillo, haciendo ver que todo estaba bien y que solo era una gorda que intentaba perder peso cuando por dentro estaba rota. Recibía los halagos de los demás cuando adelgazaba y sus comentarios hirientes sobre mi salud cuando engordaba. He llegado a desmayarme en el tren por las pocas calorías que ingería mi cuerpo y me he perdido miles de momentos felices porque en mi mente solo había espacio para mi meta: tener «el cuerpo ideal». He vivido acomplejada la mayor parte de mi vida hasta hoy y por eso sé y puedo decirte con certeza que por ahí no es. Ese no es el camino de la felicidad y no te va a aportar el bienestar que todos quieren venderte, porque la felicidad y el bienestar, amiga mía, ya están dentro de ti independientemente de lo que peses. Sí, yo también creí que sería más feliz cuando adelgazara, pero llegar ahí es tan jodido y tan agrio que ni compensaba ni era suficiente. Si perdía diez kilos, quería perder quince, y después cinco más. Daba igual cuánto adelgazara porque la siguiente meta sería la que traería todas las bondades que me habían prometido. Estaba muy enferma. Hoy es cuando más consciente soy de ello. Es imposible salir ilesa de la industria de la dieta porque, si no entras ya con un TCA bajo el brazo, como fue mi caso, tienes muchas papeletas de desarrollarlo una vez dentro. No olvidemos que iniciar una dieta restrictiva es uno de los principales factores para sufrir un TCA, por lo que es un peligro REAL. No olvidemos tampoco que lo que era mi «ley de vida» y lo que en cualquier dieta restrictiva te mandan como tarea (medir el cuerpo, pesarte a diario, controlar las comidas, contar calorías...), en la recuperación de un TCA se considera conducta de riesgo. O sea que lo que a una persona gorda le mandan como rutina habitual con tal de conseguir un cuerpo socialmente aceptado es lo primero que te hacen evitar en un tratamiento de recuperación. Tan bueno no será, ¿no te parece? ¿Hasta qué punto llegamos para conseguir que la gente entre en los moldes socialmente aceptados?

Lo peor es que seguimos fomentando cada día estos trastornos. Cientos de empresas lanzan mensajes sumamente nocivos para la salud mental y venden productos adelgazantes que está comprobado que no funcionan a la larga (los estudios determinan que más del 95 por ciento de las personas recuperan el peso perdido en menos de dos años). Esos mensajes se valen de la salud para asustar a la población y conseguir así que las personas delgadas se sientan inmunes a cualquier enfermedad, mientras que las gordas tememos por nuestra vida si no conseguimos adelgazar y nos sentimos inferiores al resto que sí lo ha conseguido o que ya lo es de nacimiento. Está claro que la gordofobia es un factor clave en el desarrollo de un TCA. Esa gordofobia que nos ilustra como seres de segunda, que nos priva de las mismas oportunidades, que no nos apoya porque nos mira y nos juzga. Y alto, antes de que lo pienses: alguien a quien realmente le preocupa tu salud o quiere protegerte de enfermar no te recomienda productos que está demostrado que son nocivos para tu cuerpo con el único fin de que adelgaces. Si lo hace, lo que le preocupa realmente no es tu salud, sino el tamaño de tu cuerpo, y eso tiene un nombre: gordofobia. Los hábitos saludables son buenos y necesarios para cualquier persona, pero dirigir esa idea únicamente hacia las personas gordas hace que se cree la idea errónea de que salud = cuerpo delgado (si esto fuera así, ninguna persona delgada pisaría un hospital). Esto genera que muchas personas delgadas se sientan moralmente superiores a las gordas y por ello se atrevan a señalarlas y humillarlas o a poner en duda su salud, lo cual inicia ese bucle de culpa y vergüenza corporal que empeora nuestra vida. He pasado muchos años pensando que todo lo que tenía que vivir por estar gorda era un castigo por estarlo. Normalicé la violencia constante que recibía en todos los ámbitos de mi vida solo porque mi cuerpo no era el socialmente aceptado. Cuando descubrí el término «gordofobia» y todo el movimiento alrededor de él para erradicarla, lloré. Lloré mucho. Después de haberme pasado la mitad de mi vida odiándome y creyendo esa idea de que nunca conseguiría nada si no cambiaba mi cuerpo, encontrar un lugar en el que sentirme comprendida y arropada ha sido mi salvación. En esta parte del relato todavía no hemos llegado a ese despertar que ha arrojado toneladas de luz a mi vida, por lo que, por el momento, tendremos que quedarnos con esta sensación de no encajar, con los continuos pensamientos de no querer seguir en este mundo si mi cuerpo no cambiaba y una vida dominada por la idea de adelgazar, aunque eso me estuviera matando.

Tengo claro que no se puede diagnosticar un TCA comparando historias, viendo un post de alguien en las redes sociales o porque una amiga tuya lo tenga, pero si algo de lo que lees o escuchas resuena en ti y sientes que tu relación con tu cuerpo y la comida no es funcional o dificulta tu vida, es momento de que busques ayuda profesional para recibir un diagnóstico o, como mínimo, ayuda y acompañamiento. Es superimportante para mí dejarte esto claro: **no tienes por qué hacer el camino sola.** Te lo digo yo, que tantas veces lo he intentado. Tratar de arrancarte un TCA con fuerza de voluntad o mucho empeño pero sin las herramientas necesarias solo va a desgastarte emocionalmente y hacer el proceso mucho más largo y duro. Insisto, no lo hagas sola. Sé que a veces es difícil encontrar la necesidad de tratarte, pero si sientes que hacerlo puede mejorar tu calidad de vida, es un buen motivo para dar el paso. La voz del TCA siempre hará que te sientas una exagerada, te dirá que «no estás tan enferma», pero no te niegues el derecho a tener una vida plena sin ese dolor tan enorme.

Por otro lado, ¿qué puedes hacer si alguien cercano a ti tiene un TCA? Escuchar y atender. ¿Te suena la frase? Es muy parecida a la que he mencionado cuando hablaba del bullying y es que, al final, nuestra historia puede ser distinta, pero todos los seres humanos necesitamos comprensión y escucha. Un paciente de TCA no necesita sentirse culpable por lo que le está pasando, ni necesita que le observen y cuestionen por cada cosa que hace, no necesita saber que su familia está sufriendo muchísimo por lo que «les está haciendo». Solo necesita, como cualquier persona, amor, cariño y comprensión. En los procesos de recuperación de un TCA se habla mucho de la figura de la familia y los acompañantes. Creo que he dejado clara su importancia al explicar mi vivencia en primera persona, pero por si queda alguna duda: en esta experiencia el entorno es fundamental como sostén. No me puedo imaginar lo durísimo que es vivirlo también desde el otro lado, viendo sufrir a tu ser querido, y quizá incluso te sientas perdido y sin saber cómo ayudar. Puedes empezar por informarte bien de estos trastornos, por interesarte por el proceso terapéutico de esa persona, por ofrecerle planes que no impliquen comida ni tengan que ver con su cuerpo (ejemplos: juegos de mesa, ver una película o serie, visitar algún rincón bonito de la ciudad...) para permitir así que se evada de esa realidad por un momento. Puedes estar ahí como su «Pepito Grillo positivo», para recordarle cada logro y buen momento que ha conseguido pese a su TCA. No juzgues, no cuestiones, no niegues, no critiques. Trata de evitar las conversaciones sobre comida, cuerpos o conductas que se consideran compensatorias (ejercicio, quema de calorías, productos adelgazantes...) porque, aunque sé que es muy difícil y quizá te suene drástico y exagerado, puede detonar en un momento muy incómodo para la persona que está sufriendo el trastorno. Cuando añado alertas de contenido en mis redes sociales al subir fotos de comida o de ejercicio físico, muchas personas me preguntan por qué lo hago. Veréis, sé lo que se siente al llevar días sin comer, ver un post de ese tipo y darme un atracón inmenso que me lleva de nuevo a la culpa o al vómito. Al haber comido más cantidad que esa persona y sentir culpa, lo cual me lleva a restringir durante días. Al dejar de ir al gimnasio por falta de tiempo o ganas, ver a alguien ejercitar y sentir culpa porque yo también debería hacerlo, volviendo así a compensar con el ejercicio. Lo hago porque he estado ahí, porque sé que las redes sociales nos muestran un cachito de las vidas de otros y que muchas veces nos pueden hacer caer en la comparación, pero sobre todo lo hago por los cientos de personas que me comentan lo mucho que les ayuda ese aviso para no encontrarse de sopetón ese contenido y poder decidir si lo quieren ver o no. Sé que no todo el mundo lo vive igual, que habrá opiniones al respecto para todos los gustos, pero yo me siento cómoda dándole a mi gente la posibilidad de elegir si quieren, pueden o están preparados para ver ese contenido en ese momento porque, por vivencia propia, lo he necesitado. No podré hacerlo todo bien, claro está, pero me parece un bonito detalle. Mientras le sirva a alguien, ya tiene su función.

Hoy en día, que está tan normalizado hablar de cuerpos, de moda, de tallas, de comida..., es complicado alejarse de esos temas y seguramente te preguntarás: «¿De qué voy a hablar?». Quizá sea un buen momento para explorar otras conversaciones más plenas y, además, no olvides que, con ese esfuerzo por tu parte, habrás elegido formar parte activa del proceso de recuperación de alguien que siempre te estará agradecido por brindarle tu apoyo sin juicios.

Capítulo 3

¿Dónde vas así?

GENTE GORDA HACIENDO COSAS, ¿dígame?

Crees que las personas gordas dan asco y que es normal que no le resulten atractivas a nadie.

Veamos, ¿te has parado a pensar que esa opinión tuya puede no ser la del resto de los mortales? Porque el hecho de que consideres a las personas gordas seres de segunda que no merecen amor habla mucho de ti, de tu ego y de tu autoestima, lo cual deberías empezar a trabajar para no seguir justificando la forma violenta en la que tratas a los demás. Todas las personas merecen ser amadas y tratadas con respeto, no hay ninguna razón por la que alguien merezca solo migajas y sufrimiento.

Gracias por tu llamada.

Nadie te prepara para que tus expectativas sobre la familia se rompan. Tampoco para vivir sin exigirle nada al resto, que quizá sería el primer paso. Nos venden unos modelos de relaciones que no solo son disfuncionales en muchas ocasiones, sino que nos generan frustración cuando no se parecen a los nuestros y los de nuestro entorno. Crecí en una familia convencional, de ideas tradicionales y mentalidad de mosqueteros: uno para todos y todos para uno. Adopté el rol de salvadora desde una edad muy temprana solo para ganarme el cariño de las mismas personas que no dudaban en hacerme comentarios hirientes cada dos por tres. Tragué saliva tras cada uno de esos comentarios porque eso era lo que se me había enseñado a hacer desde siempre: respetar a la familia y creer que todo lo decían por mi bien, aunque a mí me hiciera sentir mal.

Estas creencias pueden resultar terriblemente invalidantes porque crecemos negando aquello que nos hiere solo porque viene de alguien de nuestra familia. Claro que es un vínculo difícil de romper, pero deberíamos dejar de pensar que el hecho de que alguien «lleve tu sangre» hace que vaya a encajar al trescientos por ciento contigo porque ni es así ni estás obligada a mantenerle en tu vida si no te hace bien. Puedes tener menos afinidad con alguien, puede que vuestra relación sea completamente disfuncional o incluso que se convierta en tu agresor/a (así lo vemos en la mayoría de los casos de abuso sexual infantil, donde los agresores son en su mayoría familiares directos) y eso no te hace peor persona. Aunque parezca lógico, por desgracia necesito recordártelo, porque muchas veces esas personas de quienes necesitas alejarte te manipularán para hacerte creer que alejarte te convierte en alguien mezquino y cruel, te lo digo por experiencia. El día en que, por estas situaciones y otras más complicadas, me vi obligada a poner distancia con algunos miembros de mi familia para mantener mi salud mental y emocional, ¿qué crees que recibí? ¿Comprensión? ¿Afecto? ¿Escucha? ¿Corresponsabilidad? No. Más bien todo lo contrario. Los comentarios que empezaron como «No se te puede decir nada» o «Qué llorona eres» se convirtieron en «Tú no quieres a nadie», «Con todo lo que he hecho por ti» y un largo etcétera que consumiría todas las páginas de este libro. No te cuento todo esto para regocijarme y provocar en ti la pena que solemos sentir cuando alguien habla de traumas familiares. Lo hago porque esto es mucho más común de lo que pensamos y de lo que me gustaría. Es bastante probable que tú, al leer estas páginas, te identifiques con alguno de estos puntos. Puede que todavía tengas que lidiar con comentarios hirientes que no confrontas porque vienen de un miembro de tu familia, pero quiero que empieces a entender la importancia de priorizarte. Yo te pregunto: ¿hasta cuándo? ¿Dónde está el límite? ¿Cuándo te toca vivir libre a ti? Caminar con el lastre de lo que tu familia espera de ti es terriblemente agotador.

Deberíamos aprender a escuchar, a aceptar las diferencias que nos separan de los demás y a respetar a las personas en vez de atarlas a nuestra vida como si fueran de nuestra propiedad, pero ni esto ni poner límites a la familia es fácil. Créeme si te digo que este es el tema principal de mis sesiones de terapia. Sin embargo, para mí ha sido más sencillo aceptar que no puedo encajar con todo el mundo que seguir peleando por un cariño y un amor que nunca me llegaban. En mi caso, después de haber culpado también durante mucho tiempo a todo el que no supo ayudarme con mi TCA, logré entender que en ese momento no se hablaba con tanta frecuencia de ello, que en mi familia la terapia psicológica no estaba bien vista y la gestión emocional digamos que brillaba por su ausencia. Claro que me hubiera encantado que me escucharan y ayudaran de una forma más activa, pero pedir eso sería reclamarles algo que ellos no sabían darme. Las circunstancias se dieron así porque ninguno supimos hacerlo mejor (en mi caso, más que nada porque dependía de la gestión que hicieran los adultos de la situación) y, afortunadamente, me quedo con mi capacidad para respetar y sostener el dolor que me provocó lo sucedido sin juzgarme por ello y con haber podido aprender de todo ello para trabajar en quién soy, quién quiero ser y qué quiero aportar a este mundo. Cuando conseguí entender eso me di cuenta de que cargar con tanto rencor y odio en la mochila resultaba demasiado pesado. Personalmente me tranquiliza saber que algunos de los adultos que en su momento no supieron ayudarme hoy son capaces de reconocer y aprender de su error. Quien no lo hace, sencillamente no está preparado para afrontar esa realidad y yo, como adulta, tengo el derecho y la libertad de elegir qué personas me rodean y a cuáles necesito alejar de mi vida para conservar mi bienestar. Esta idea va en contra de muchas creencias populares como que «la familia nunca te va a fallar» o que «el amor todo lo puede», porque muchas veces olvidamos que en una misma familia cada miembro es distinto y no tiene por qué coincidir en todo contigo. Y sí, muchas veces la familia puede fallarte y provocarte el dolor más enorme de tu vida. Si bien es cierto que creo firmemente en el poder de perdonar para seguir adelante, también creo en la libertad de cada uno de elegir las personas que le acompañan en su vida y en la necesidad de permitirnos sentir. Cada situación es distinta y también lo son las necesidades personales de cada uno, por lo que es importante no juzgar las decisiones que otros toman sobre sus relaciones. Para llegar a ese punto de confrontar una situación dolorosa, poner límites o incluso alejarte de aquellas personas que, pese a pertenecer a ese núcleo cercano, no te hacen bien, te aseguro que antes tienes que haber transitado mucho dolor y conseguir cruzar el abismo del miedo que provocan las consecuencias de esa decisión.

Está muy bien decir que «solo tú decides cómo te afecta lo que hagan los demás» porque en realidad esa frase no va desencaminada, aunque simplifica mucho algo que es muy complejo. Solo nosotros somos dueños de nuestra vida, nuestras emociones y nuestras decisiones, eso está claro. La cuestión es que se requiere de un gran trabajo personal de autoconocimiento y gestión emocional para conseguir entenderlo, además de que cada situación necesita más o menos tiempo y no pasa nada porque así sea. Es más, incluso teniendo clara la teoría, no siempre es fácil gestionar la emoción que algo nos genera. A veces las acciones de una persona, ya sea por tus expectativas, creencias, valores o por cualquier otro motivo, pueden causarte un dolor que es completamente válido y digno de ser respetado. Estas emociones tienen una razón de ser en ti y no mereces taparlas o negarlas cuando aparecen. Lo importante es conocerlas y saber gestionarlas, aprender a llevar el timón de tu vida, no culparte por sentir ni quedarte estancado en esa culpa. El trabajo personal es importante porque te ayuda a identificar cómo te sientes, por qué te sientes así y qué puedes hacer para transitarlo y seguir adelante. Cuando antes te hablaba de «vivir en automático» me refería justamente a esa vorágine de emociones en la que muchas veces nos sumergimos cuando no sabemos entenderlas ni entendernos. Cuando sí lo hacemos, tras ese primer momento de ímpetu en el que reaccionamos a algo, no solo somos capaces de reflexionar sobre lo que sentimos, sino que podemos decidir hacia dónde dirigirlo. De esta forma, cuando pasa algo, reacciono según mis valores, creencias e historia personal, observo mi reacción sin juzgarla, comprendo de dónde viene y solo desde ahí puedo preguntarme qué quiero hacer con ella: ¿quiero anclarla y regocijarme un poco en ella? (creo que todos lo hacemos alguna vez), ¿quiero buscar soluciones prácticas que me permitan canalizarla y sentirme mejor?, ¿quiero tomar decisiones para protegerme de situaciones así en el futuro?, etcétera. Cualquiera de ellas es válida, ten eso claro. Solo dependerá del momento vital y emocional en el que estés. Ninguna solución es perfecta ni existe una mejor que otra porque, como seres vivos que somos, nuestras emociones también están vivas (y menos mal), por lo que no se trata de intentar teorizar lo que sentimos, sino de conocer mejor nuestra manera de funcionar y nuestros automatismos.

Por otro lado, cuando hablamos de perdonar y pasar página, aparecen muchas resistencias en nosotros. Todos hemos crecido con una idea del perdón que va hacia el otro: tú me hieres y yo te perdono y te eximo de tu responsabilidad por haberlo hecho. Pero en realidad es mucho más sanador ver el perdón como algo que te libera a ti de la carga de un rencor que no te beneficia. Ese perdón también necesitas aplicártelo a ti, no solo a los demás. Este no exime al otro de haberse equivocado, pero sí activa en ti la compasión al entender que uno da lo que es y hace lo que puede. No borra lo sucedido ni tampoco la emoción que hayas podido sentir, pero te libera de arrastrarla desde un lugar equivocado y que te pese. Lo que me encantaría que comprendieras es la libertad que implica perdonar por ti, para no llevar un lastre de lo que los demás hicieron, porque no era tu responsabilidad. Perdonar para aligerar tu carga, perdonar porque tú decidas dejar de vivir con ese dolor que no te deja avanzar y perdonar al entender que todos actuamos como sabemos y podemos en cada situación. Perdona y permite que esa ira, tristeza, miedo, culpa o dolor que sientes hoy se vayan haciendo poco a poco lo bastante pequeños para poder vivir en paz y comprender que lo que hacen los demás solo depende y habla de ellos. Y tú tienes todo el derecho de tomar medidas en pos de tu bienestar, de poner límites siempre que lo necesites. Precisamente ese ejercicio de perdón te permite alejarte de aquellas personas y situaciones que no te hacen bien. Cuando practicamos la autocompasión y somos generosos con nosotros mismos, dejamos de permitir aquellas cosas que nos hieren. Lo único que realmente debe preocuparte es cómo haces las cosas en tu vida, qué valores aportas, cuánto amor dejas a tu paso. Ocupa tu vida en conocerte, en saber lo que quieres y lo que no, y aprende a poner los límites necesarios para tu bienestar (yo todavía estoy en ello), porque esa es la única forma de vaciar el peso de tu mochila: vivir por y para ti.

Mi adolescencia fue una etapa muy convulsa en la que tuve que hacer frente a muchas situaciones de las que me responsabilicé sin que este fuese mi deber. Ya entonces la gente me halagaba diciendo «Eres muy madura para tu edad», pero eso no fue más que la respuesta a una serie de situaciones que me hicieron forzosamente más madura que el resto de las niñas de quince o dieciséis años. Aunque hoy esté muy orgullosa de la mujer que soy y de los valores que me acompañan, he pasado mucho tiempo deseando que mi historia fuera distinta y que se me ahorrara gran parte del dolor que he vivido. Lo sé, el dolor es precisamente lo que nos hace crecer. Por eso hoy abrazo cada una de las enormes piedras que he encontrado a cada paso de mi camino porque, si hubiera sido de otra forma, no sería yo quien estuviera escribiendo este libro. Aun así, debemos ser conscientes del grandísimo impacto que tenemos en la vida de las personas, sobre todo de los niños, para tratar de dejar una huella constructiva y positiva en ellos.

En lo que respecta a la salud emocional, la autoestima y, en mi caso, el TCA son aspectos que no solo afectan a nivel corporal. Todas las áreas de tu vida se ven marcadas por la percepción que tengas de ti misma y eso, a su vez, determina tu forma de relacionarte con los demás.

Empezando por los cimientos, mi modelo de relación de pareja eran unos padres a los que nunca vi darse una muestra de cariño o, al menos, no de forma habitual. Discutían con bastante frecuencia y con una comunicación verbal violenta, pero la falsa calma que llegaba después me hizo comprender el amor como algo cambiante, normalicé la violencia en la manera de hablar (y es algo que todavía hoy trabajo para mejorar de mí misma) y también la falta de muestras de afecto.

Cuando creces sin unos valores de empoderamiento y reconocimiento de tu valía, el amor con el que empiezas tu vida se evapora y terminas por aceptar cualquier cosa que se parezca al amor, por disfuncional que sea. Recordemos que ningún niño nace odiándose. De pequeños adoramos tocarnos, observar cada parte de nuestro cuerpo; no caemos en comparaciones más allá de las que implican a nuestros juguetes y los del otro, y de ahí la importancia de mantener esos valores durante nuestra educación para que no cambie la forma que tenemos de vernos, aunque luego la sociedad se encargue de ponerle trabas al juego. En mi caso, todo cambió a los nueve años: en vez de recibir un refuerzo positivo ante lo que me estaba sucediendo, lo único que me llegaba no hacía más que alimentar mis ideas, las cuales no solo tenían que ver con mi soñada delgadez, sino que dejaban espacio al peligroso pensamiento de «¿Quién me va a querer estando así?».

En el instituto hice algunos amigos, pero de los que se van distanciando con los años, y es que es difícil mantener una amistad cuando ni tú misma te conoces ni te dejas ser. Las únicas personas que conservo de la infancia son las que realmente me aceptan tal y como soy y conocen mi historia porque la han vivido conmigo. Es más, muchas veces pienso lo fáciles que hubieran sido las cosas para mí si alguien me hubiera enseñado a vivir la amistad así, sin tantas exigencias ni ataduras. ¿Cuántas veces has oído frases como «Amigos para siempre», «Quien bien te quiere te hará llorar», «Un amigo te dice la verdad, aunque duela», «A la gente que te quiere hay que perdonarle todo»...? Yo, muchísimas. Hemos aprendido a entender que las relaciones solo se consideran honestas si son eternas, un vínculo que solo necesita amor para no romperse nunca, y hasta te olvidas de que mereces respeto y cariño, y crees que hay que perdonar cualquier cosa. Lo siento, la realidad no es así.

Para empezar, la mayoría de las personas no se van a quedar en nuestra vida para siempre porque somos seres cambiantes. Seguro que tú no eres la misma que hace cinco años, diez o incluso uno. Al menos, en mi caso, soy una persona radicalmente diferente. Por eso es lógico que las amistades también formen parte de nuestro propio viaje. A lo largo del camino habrá personas que dejarán de pensar como tú, con las que dejarás de compartir valores, que tomarán rumbos muy distintos. Y hay que aprender a soltar con gratitud y amor. Yo he tardado mucho en entender la amistad como un compañero de viaje, exactamente el mismo tiempo que en quererme a mí. En el momento en el que he sabido verme como una prioridad y he conocido mi valía y mi ser, he considerado a mis amigos como seres igual de valiosos que yo, con sus propias mochilas a cuestas y con algo que aportar a mi vida durante el tiempo que estén en ella, a la vez que he intentado calmar mis juicios y expectativas sobre ellos. Me considero de esas personas que han pasado de recordar algunas experiencias como decepciones a verlas como enseñanzas. Hoy, tras mucho esfuerzo, entiendo la función de cada persona en mi vida y he aprendido a dejar de fustigarme por cada decisión que he tenido que tomar para conservar mi bienestar o aquellas que haya tenido que tomar la otra persona para conservar el suyo. Yo también he tenido etapas muy duras a nivel psicológico y entiendo que no son sencillas de manejar; cada uno es libre de decidir cómo puede y si puede hacerlo. La cuestión es que entendamos que a veces el amor no es suficiente. En ocasiones puedes querer mucho a alguien, pero no de la forma correcta. Otras puede que avancéis por la vida de formas tan distintas que ya no encuentras puntos en común, aunque antes sí los tuvierais. ¿Por qué nos parece malo que la vida cambie? Nada en este mundo es estático, el propio universo nos lo demuestra. Cambiar no es algo por lo que sentirnos culpables. Cambiar es la clara señal de que estás vivo y evolucionas, creces, te superas. ¿Quién decidió decirnos que es algo erróneo? ¿Por qué no podemos apreciar el tiempo que pasamos con una persona, aunque no sea eterno, dejando de lado el ego y las expectativas que ponemos sobre los demás?

En cuanto a los límites en cualquier tipo de relaciones, establecerlos es algo completamente sano y necesario. Hasta un punto bastante avanzado de mi adolescencia me quería tan poco y me sentía tan poca cosa que cualquier muestra de cariño que viniera de otra persona me parecía un mundo. Por eso permití situaciones en mis relaciones de pareja y amistad que todavía hoy hacen que me lleve las manos a la cabeza.

En mi vida he dado con personas a las que no sabía ponerles límites y eso, junto con mi miedo al conflicto, me llevaba a cumplir con sus exigencias. He tenido «amistades» que organizaban mi vida y me controlaban los horarios y los planes, creaban disputas muy violentas si no cumplía con sus expectativas, tales como quedar solo con ellas todas las tardes o recogerlas todos los días al salir del trabajo para ir a tomar café. Esas personas se amparaban en el «Con todo lo que yo he hecho por ti...» para manipular mis decisiones; otras no se cortaban y me hacían comentarios sumamente dolorosos sobre mi cuerpo cuando yo estaba en plena crisis del TCA, o con frecuencia promovían conversaciones, que un día empezaron a incomodarme, sobre nuestros cuerpos y los de otras personas. Como ya he dicho, no me siento una víctima de esta historia. Sencillamente, en ese momento no tenía ninguna herramienta para frenar lo que estaba sucediendo ni sabía anteponer mis necesidades, con lo cual yo lo permitía porque me parecía «lo normal», aunque me doliera. Eso me convertía en una persona muy moldeable para quienes tenían un carácter más dominante. A menudo creemos que tener baja autoestima solo implica sentirte inferior al resto o mostrar una actitud sumisa, pero también existen personas que aparentemente se sienten bien consigo mismas, y que incluso rozan el narcicismo, y aun así esconden mucha inseguridad. Yo siempre me sentí atraída hacia esas personas como si tuvieran un imán, como si de alguna forma sintiera que podía contagiarme de la seguridad que mostraban, lo cual ya te adelanto que nunca sucedía.

Las inseguridades y la falta de autoestima pueden verse y vivirse de formas muy distintas en cada persona. ¿Recuerdas lo que te contaba en el primer capítulo sobre la luz que reside en cada uno? Esta es una prueba más de lo necesarias que son las herramientas emocionales y los valores que no dejo de mencionarte. Lejos de contarte este tipo de experiencias para lamentarme (y déjame decirte que estoy muy sorprendida por haber podido sintetizarlas tanto en un esfuerzo por ponerte en contexto y no aburrirte), quería que tuvieras claro que por ninguna razón tienes que mantener en tu vida una relación disfuncional o en la que no puedas ser tú. Siempre comparto esta metáfora porque es la que más me sirve a mí para alejarme de ese tipo de situaciones: ¿dejarías que la gente entrara en tu casa con una bolsa de basura orgánica y la volcara en tu salón? Apuesto a que has respondido que no. Entonces ¿por qué sigues dejando que la gente te desestabilice con su basura en forma de juicios, ira y limitaciones? Nada de eso es tuyo. Grábatelo a fuego y aleja de ti lo que no te aporta nada.

Está claro que despedirte de algunas personas no va a ser fácil y que muchas se valdrán de todos los reproches posibles para hacer tu marcha más amarga, pero ten claro cómo quieres TÚ dejar ir esa relación: ¿con reproche y odio o con gratitud y calma? ¿Esa persona te ha regalado algún momento que valga la pena recordar? ¿Has aprendido algo de vuestra relación? Si la respuesta es sí, quédate con eso y avanza. Si la respuesta es no, quédate con eso y avanza igual. Estoy segura de que con el tiempo acabarás sacando aunque sea una única reflexión de vuestra relación: no cometer el mismo error, aprender a poner límites, confiar más en tu intuición, aprender a escuchar, ser más empática. Lo que sea. La cuestión es que comprendas que el odio y el rencor son un lastre enorme. El reproche es el disparo del ego. No siempre podrás hacerlo como desearías; algunas veces huimos por miedo a la confrontación y otras no lograremos mantener la calma como nos gustaría. Mi mejor consejo es que vivas cada relación desde tu mayor verdad, sabiendo que es tu esencia, la versión más honesta de ti, quien toma cada decisión. El ego siempre tratará de hacer su aparición estelar, sobre todo en situaciones en las que considere que estás en peligro, porque su función es protegerte, pero un día aprenderás a verlo como tu Pepito Grillo con aires de salvador y sabrás mantenerlo a raya cuando no le toque salir a escena. Cuando alguien decide alejarse de nosotros suele aparecer ese mecanismo de rabia, de intentar herir al otro, de soltar reproches y querer reafirmar en todo momento que nosotros hemos hecho las cosas bien. Es nuestro ego quien habla, quien no quiere soltar, quien siente que, si se van, es porque quizá no somos tan buenos, o no somos suficientes (esa es la idea que siempre se me repite a mí), que no somos merecedores de su amor. Las personas nos alejamos porque nuestras vidas riman a compases distintos, así que debemos saber identificar el ego y entender que hay despedidas que duelen, pero que no podemos retener a nadie a la fuerza.

El título de este capítulo, «¿Dónde vas así?», es quizá una de las frases que más se me ha quedado clavada por todo lo que implica. He querido dedicar el capítulo a las relaciones interpersonales para que comprendas la importancia de tener una autoestima sólida y unas herramientas emocionales adecuadas que te permitan confrontar lo que la vida traiga y las personas que nos ponga delante. En mi perenne complejo de salvadora, confío en que con mi historia pueda ahorrarte algún que otro tropiezo.

Durante la adolescencia, solo había tenido un novio y, cuando rompimos, decidí buscar la validación que yo no sabía darme en el cuerpo de cualquier chico que mostrara un interés sexual en mí. No lo hacía por placer, porque ni siquiera había experimentado lo suficiente con mi cuerpo como para saber dónde y cómo encontrarlo, pero el hecho de que quisieran tener relaciones sexuales conmigo, con ese cuerpo que yo consideraba despreciable e indeseable, me hacía sentir un subidón de falsa autoestima que, al terminar, pasaba a convertirse en una mezcla entre vacío y asco. Entonces, a los dieciocho años, empecé una relación con un chico que se deshacía en halagos hacia mí y, por un momento, creí que vivir un amor como el de las películas era posible; lo que pasa es que finalmente se convirtió en una trama más parecida al género de terror. Al poco tiempo de estar juntos comenzó a obligarme a cambiar cosas que a mí me parecían insignificantes, bajo una falsa preocupación por mí. Empezó con que dejara de fumar y beber cuando salía con mis amigas (OK, aquí le compro la preocupación por mi salud) y terminó con que dejase de salir a bailar salsa (mi hobby favorito en aquel entonces) o que cortase la relación con las amistades que a él no le parecían bien. Controlaba mis movimientos y todos los aspectos de mi vida y me convenció para moldearme a su gusto para que él fuese feliz conmigo: me hacía vestir de una forma determinada, hablar de otra manera, cambiar mis gustos musicales por unos más «selectos», coger el teléfono a todas horas para que él supiera dónde estaba, tenía que acompañarme a todos los sitios (incluso al trabajo y a la escuela donde cursaba estudios profesionales de teatro), tener total acceso a mis contraseñas y cualquier área de mi privacidad porque «Confiamos mucho el uno en el otro». Sí, yo también dije muchas veces que nunca me dejaría dominar por nadie y también pensaba que vería clarísimamente las señales de maltrato en una relación, pero no, no lo vi venir. Todo fue muy sutil, disfrazado de preocupación y cuidados y, poco a poco, me sentía cada vez más atada a esa relación. Por aquel entonces ya vivíamos juntos, yo me había aislado prácticamente por completo de mi vida y sentía que lo único que mantenía mi seguridad emocional era estar bien con él. Así fue como dejé de ir a clase, me aparté de casi todas mis amistades y familia, cambié completamente mi forma de vestir, pensar, actuar y ser y lo peor es que me convencí de que todo eso era amor.

Un día, al bajar del taxi a la vuelta de la clase de danza, llevaba puestas unas medias negras tupidas y una falda de tubo. Cuando me vio bajar, apoyado en la puerta del taxi, me dijo: «¿Dónde vas así? ¿No ves que se te marca todo el culo? Tira para casa ya». Sentí cómo me ruborizaba en plena calle y fue el primer día en el que sentí un «clic» en mi interior que me decía que algo no iba bien. Yo me veía guapísima con ese look y me dolió que él lo convirtiera en algo de lo que avergonzarme. Además, él tenía el control de mi teléfono y mi ordenador, revisaba todas mis conversaciones de arriba abajo y armaba fuertes broncas si encontraba algo que tuviera que ver con otros chicos anteriores a él, si me veía hablando con alguno o incluso si me miraban por la calle, momento en que él se ponía muy violento. Recuerdo que un día llegué a casa y todo estaba aparentemente bien, pero él se había pasado toda la mañana revisando mis historiales de conversación de dos años atrás con otros chicos y me estaba esperando sentado en la cama para que le diera explicaciones. Sobre conversaciones de hacía dos años. Buscar discusiones porque sí era algo muy habitual.

Por las noches, empezó a mantener conmigo relaciones sexuales con penetración sin mi consentimiento. Al principio me defendía, pero él me culpaba alegando que le había provocado mientras dormía, así que llegó un momento en el que aprendí a hacerme la dormida y lloraba mientras él saciaba su placer.

E insisto: lo peor es que me creí que eso era amor.

Me creí que lo violento era que tu pareja te pegara, cuando la realidad es que hay bofetadas que no dejan marca y duelen igual. Incluso en terapia tuve que trabajar la culpabilidad que sentía por las veces en que yo había reaccionado a su violencia de forma agresiva cuando, por desgracia, y sin que sirva de justificación, ese fue el único recurso que tuve en su día para responder a la situación que llevaba sufriendo un año y medio. Sí, me creí que para que alguien te ame tienes que encajar en todo lo que necesite de ti y que ese era el tipo de amor que yo merecía, aunque doliera mucho, por ser como era. Por tener un cuerpo despreciable, por ser demasiado sensible, por no callar y acatar lo que los demás quisieran siempre, por querer tenerme como prioridad, osada de mí.

Está claro que vivir una situación como esa no es para sentirse culpable, pero ¿qué habría pasado si hubiera tenido las herramientas con las que cuento hoy? ¿Cómo habrían sido mis relaciones si hubiera sabido valorarme o establecer límites? Tampoco creas que las relaciones de pareja que vinieron después de esa fueron mucho mejores. Quizá no había violencia verbal o física, pero dentro de mí permanecían la inseguridad, el miedo al rechazo y al abandono, el sentirme inferior al resto. Verás, durante los años en los que no sabía quererme, realmente sentía el estar en pareja como una necesidad. Necesitaba esa validación como una droga, porque era lo único que me hacía estar bien. Saber que a un hombre le podía parecer atractiva minimizaba el odio y el rechazo que sentía hacia mi cuerpo. «¿Lo ves? Mientras a él le guste, no estoy tan mal», me decía a mí misma. No ponía límites porque me parecía casi insolente, en mis circunstancias, exigirle más a alguien. ¿Quién era yo, con ese cuerpo y esas inseguridades a cuestas, para pedirle nada al tío que me regalaba su atención y cariño? ¿O a la amiga que aceptaba pasar tiempo conmigo? En realidad tendría que agradecerles que estuvieran a mi lado, pudiendo elegir entre los miles de personas que a mi parecer eran más atractivas y válidas que yo. Desde esta forma de relacionarme que podríamos llamar «seudoamor», sentía que debía esforzarme mucho más que los demás por complacer en mis relaciones familiares, de pareja y de amistad. Mi razonamiento interno con mis parejas era algo así:

Con este cuerpo indeseable y horroroso, siendo una sensiblona que se pasa el día llorando, con mi mal carácter y con tanto trauma debajo de la manta..., no estoy en condiciones de exigir un tipo de amor determinado. Hay que agradecer lo que venga y esforzarse al máximo, porque al estar conmigo me hace un gran favor. Por lo tanto, Mara, vamos a comportarnos. Queremos un amor para siempre, que supere cualquier adversidad, así que no importa lo que pase porque el amor lo puede todo, que ya lo dicen las películas. Tú aguanta y sé como él necesite que seas.

Y así es como Mara se perdió a sí misma al buscarse en el amor de otros.

Por Dios, ¿cómo he podido tardar tanto en apreciar la pedazo de tía que soy? ¿Cóóómo, Dios mío? ¿Cómo he podido pasar tanto tiempo poniendo mi valía en manos de otras personas, sintiéndome insignificante e ignorando mis capacidades?

«Bueno, Mara, recuerda que todo lo vivido fue consecuencia de las cosas que pasaron y que todo eso te ha hecho ser quien eres hoy», me diría mi voz interna más amable.

Sí, por supuesto, pero ¡creo que con un poco menos también hubiera aprendido!

La cuestión es que tenía claro que no permitiría que se repitiera el mismo tipo de violencia que ya había sufrido, pero seguía sin ver el resto de los problemas, que también lo eran. Continuaba dependiendo emocionalmente de una pareja que validara aquellos aspectos de mí que yo misma no sabía valorar. Esperaba sus muestras de deseo hacia mi cuerpo, que ensalzaran constantemente mi belleza, que me vendieran el amor como algo irrompible para así sentirme a salvo. En definitiva, seguía buscando el cobijo que todavía no había aprendido a darme. Hoy solo pretendo que tú tengas clara la importancia de tenerte como prioridad. Deja de pedir perdón por ser quien eres, deja de pedir permiso a los demás para amarte. Mereces un amor que te vea mucho más allá de tu cuerpo, tienes todo el derecho de encontrar a alguien que no solo ame tu cuerpo, sino que valore cada rincón de tu ser y te admire por cómo eres. Por favor, no te conformes con un amor a medias. Recuerda que darte lo mejor a ti misma abre las puertas a recibir lo que de verdad mereces y no menos. Amarte no es solo aceptar tu cuerpo y darle valor, sino que te permite entender lo que es y no es el amor.

Amor es lo que tú quieras que sea excepto sufrimiento, y eso también incluye el amor que tengas hacia ti. Cuando aprendes a quererte bonito, es tal el respeto que te tienes que, aunque haya partes de ti que todavía no consigas ver con cariño, no dejas espacio para odio o castigo alguno. No es un camino fácil, por supuesto, y menos en una sociedad dispuesta a señalar con desprecio todo aquello que considere un defecto, pero te invito a convencerte de que esa relación contigo misma también es posible. Quiérete bien para querer bien, pero no caigas en el error de pensar que, si todavía no has aprendido cómo, mereces menos amor que los demás, porque lo único que te faltan son las herramientas necesarias para reaprender a quererte

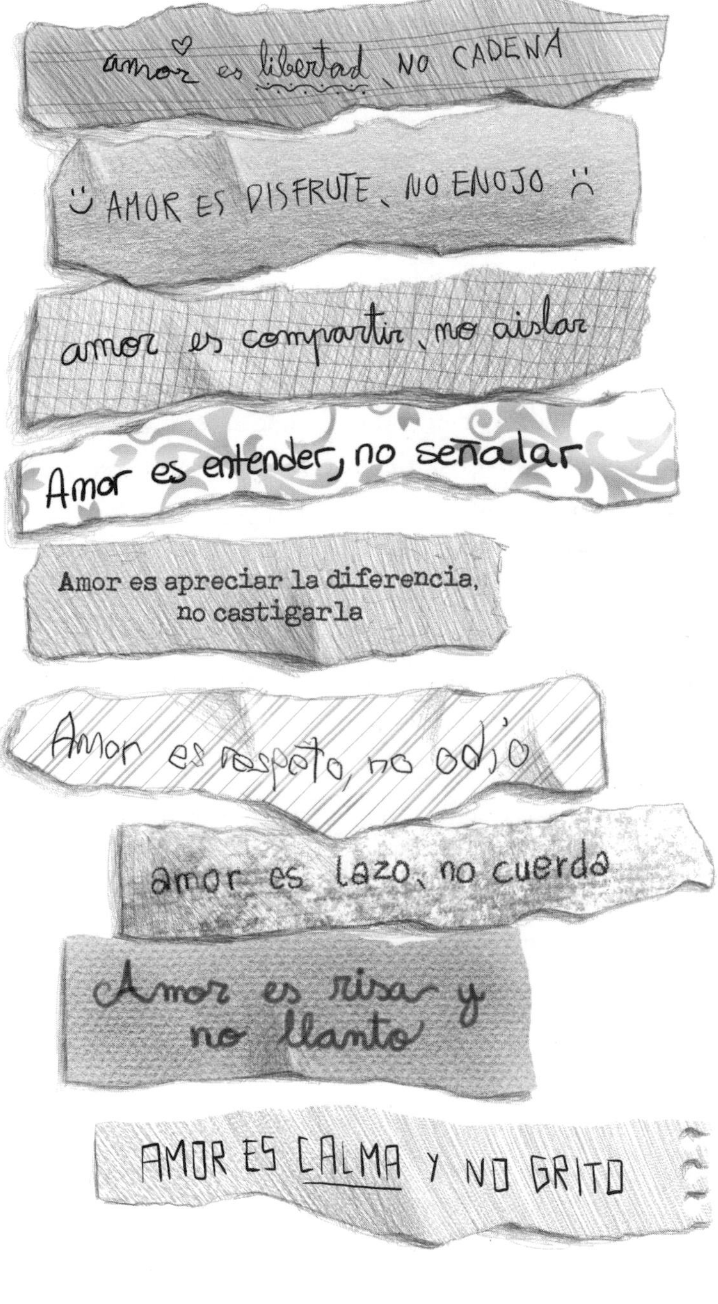

amor♡ es *libertad*, NO CADENA

☺ AMOR ES DISFRUTE, NO ENOJO ☹

amor es compartir, no aislar

Amor es entender, no señalar

Amor es apreciar la diferencia,
no castigarla

Amor es respeto, no odio

amor es lazo, no cuerda

Amor es risa y
no llanto

AMOR ES _CALMA_ Y NO GRITO

como te mereces. Además, siempre habrá alguien dispuesto a prestarte su mirada para que aprendas a verte con el amor con el que te mira a ti. Aunque el camino sea menos llano. Aunque cueste un poco más.

Sé lo mucho que cuesta darte cuenta de lo que estás viviendo.

Sé que, en muchos casos, cuando empiezas a sentir que algo falla te sientes totalmente inmersa en tu relación.

Y piensas: ¿cómo puede estar fallando?

Si todo empezó con detalles, complicidad, me sentía valorada…

Pero un día deja de gustarle esa falda, ese escote, esa amiga, ese baile de los sábados, ese chico que te mira, ese amigo de Facebook…

Hace tiempo yo también creía que todo eso era lo normal en una relación: el novio que cela a la novia porque la quiere tanto que no soporta perderla ni compartirla con nadie; la pérdida de mi privacidad porque mi pareja y yo confiamos plenamente el uno en el otro y por eso él puede tener acceso a todas mis contraseñas...

Solo quiero que sepas que eso no es normal. No es amor. Y nada de esto es tu culpa. Tú sí mereces amor del bueno, aunque quizá creas que no. Todos merecemos un amor que nos admire, nos acepte y nos ayude a ser mejores, incluyendo por supuesto el amor hacia uno mismo. Solo necesitas empezar por convencerte de que sí te lo mereces. De que sí vales. De que sí puedes cambiar tu mirada hacia ti misma. De que sí puedes poner límites y poner fin a una relación abusiva.

Hay muchas mujeres que se van de este mundo sin saber eso, y es lo que más me duele.

Por ellas y por todas: YO SÍ TE CREO. Si sientes que estás viviendo una situación de violencia, BUSCA AYUDA, y te prometo que vas a descubrir lo que es VIVIR en mayúsculas, sin miedo a lo más maravilloso de esta vida: ser auténtica.

Te mereces ser tú sin ningún pero.

Capítulo 4

Cuando adelgace

GENTE GORDA HACIENDO COSAS,
¿dígame?

Crees que las personas gordas deberían seguir intentando adelgazar porque nada es imposible.

¿Te has planteado alguna vez que la mayoría de las personas gordas ya han intentado perder peso anteriormente sin conseguirlo? Bueno, solo han conseguido generar más odio hacia sus cuerpos y mayor sentimiento de culpa por no alcanzar los estándares de belleza que la sociedad les reclama. Entiendo que para ti la pérdida de peso sea un proceso sencillo y gratificante, pero ¿no sería más fácil entender que hay personas para las que adelgazar no es una opción y que, aun teniendo buenos hábitos, la diversidad corporal existe? Quizá de esta manera lograrías ser más respetuosa y empática con las decisiones de cada uno.

Gracias por tu llamada.

Tengo el máster en Fuerza de Voluntad. Me lo otorgaron después de más de diez años haciendo dieta para perder peso en busca de un cuerpo que nunca conseguía. La fuerza de voluntad y yo nos conocemos como solo dos amigas íntimas lo hacen. Ella conoce mis puntos fuertes y débiles y yo su forma de comunicarse conmigo, con esos modales destructivos e hirientes. Aun así, durante años me resigné a soportarla a regañadientes, como hacen los hermanos mayores con los pequeños cuando se los tienen que llevar con su pandilla de amigos.

Nadie puede hablarme de fuerza de voluntad después de media vida tratando de adelgazar. Sencillamente, estoy en otro nivel. Soy la *hacker* de la fuerza de voluntad, la maestra Jedi, tu Dumbledore de confianza. Bueno, yo y todas las personas que se han pasado años en busca del cuerpo prometido. Juntas formamos un ejército de semiheroínas. La liga de las adelgazantes, nos podríamos llamar. Gracias a esta categoría casi sobrehumana, cuando usan conmigo la excusa de la fuerza de voluntad para argumentar mi «dejadez» por no adelgazar, me deshago en carcajadas. Nadie se imagina lo que es intentar perder peso para una persona gorda si no lo ha vivido. No se hacen una idea de las horas que podemos pasar buscando nuevos métodos, el dineral invertido en encontrar la fórmula mágica, esa ilusión extraña con la que afrontas cada nueva dieta pensando «Esta es la buena», y la decepción y la culpa que te invaden cuando la báscula no baja. Los que nos hablan de fuerza de voluntad no conocen la vergüenza que se siente cuando tienes que acudir a la consulta del dietista la semana que no has perdido peso, o incluso cuando tienes la menstruación y sabes que por eso la báscula va a jugar en tu contra. Tampoco han sentido las miradas juiciosas, casi como si te perdonaran la vida, mientras toman nota del número que te toca arrastrar en tu conciencia esa semana. ¿Me hablas a mí de fuerza de voluntad, que he pasado años oliendo la comida en quedadas con amigos mientras abría mi táper frío de ensalada? ¿A mí, que me he encerrado en la habitación durante las celebraciones familiares para no tener que sentarme delante de mi plato favorito sin poder saborearlo? ¿A mí, que empapelé la habitación con mantras y recortes del supuesto «cuerpo ideal» con mi cara pegada encima, pidiéndole a Dios que me concediera el deseo de amanecer al día siguiente con esa apariencia soñada?

No recuerdo una parte de mi vida en la que no intentase perder peso. Actualmente me estoy esforzando por crear recuerdos nuevos y diferentes pero, si miro atrás, solo existe eso: básculas, cintas métricas, la dieta nueva colgada en la nevera, alimentos con los ingredientes contados en la despensa, cremas reductoras, pastillas quemagrasa y laxantes. No olvidemos, por favor, que yo seguía con un TCA sin tratar. Intentar perder peso ha sido el verdadero motor de mi vida durante mucho tiempo. Solo pensaba en el día en el que mi cuerpo fuera delgado y así pudiera dejar de ser objeto de juicios y humillaciones. Me imaginaba vistiendo cualquier prenda sin vergüenza ni miedo, radiante y feliz, pero la realidad es que el camino para conseguirlo resultaba tremendamente amargo. La única vez que perdí mucho peso fue cuando terminó la relación que te conté en el capítulo anterior. Duró algo más de un año y engordé por muchos motivos asociados a mi ansiedad, la cual se acentuó en esa etapa, pero, de repente, en poco tiempo sentí que «se me caían los quilos» sin hacer nada en concreto salvo sanar todo lo que llevaba dentro. Sencillamente, mi cuerpo necesitó volver a su lugar habitual después de todo lo sucedido, pero yo me aferré a esa pérdida de peso para tratar de estirarla más y más y más. Lo cual nunca conseguí. Me maldecía y pensaba: «¿Cómo puede ser? Si ya he conseguido perder tanto peso, ¿por qué no va a ser posible bajar más?». Y entonces, la siguiente dieta y rutina de ejercicios cada vez eran más severas. Y cuanto más severas, más me felicitaban por mi esfuerzo. Y cuanto más me felicitaban, con más ganas quería intentarlo..., sin éxito alguno.

Lo peor es cuando esas mismas personas que se atreven a opinar sobre tu peso conocen toda esta historia y encima te sueltan: «No, mujer, es que adelgazar no es cuestión de obsesionarse». Alma de cántaro, es muy osado hablar de «mejorar hábitos y hacer ejercicio» desde el privilegio que te otorga un cuerpo con mayor predisposición a responder ante eso, cuando yo, en cambio, me tiraba tres horas en el gimnasio todos los días y creía firmemente en cada caloría que veía quemándose en la elíptica. Me hablas de «no contar calorías» como si no fuera eso lo que tantas veces me recomendaron los nutricionistas a los que acudí para perder peso. Me hablas de «vigilar un poco lo que comes» como si eso fuera fácil para todo el mundo y no disparara la ansiedad o el TCA. Entonces ¿en qué quedamos? ¿Lo intento más fuerte o con un poquito basta? Es bien cierto que el privilegio nos nubla la vista, porque solo así se puede negar la realidad de tantísimas personas que sufrimos por intentar encajar en unos estereotipos en los que sencillamente no cabemos. Solo desde el privilegio de un cuerpo normativo o con mayor predisposición a transitar fácilmente los cambios de peso uno puede decirle a alguien que ha sufrido toda su vida por adelgazar que «no es para tanto».

A lo largo de estos años he escuchado comentarios de todo tipo. He encontrado personas maravillosas dispuestas a ayudarme, pero también muchas otras que solo pretendían dejar claro que se sentían moralmente superiores a mí por habitar un cuerpo delgado, o aquellas a las que no supe poner límites cuando tocaba hacerlo. Para empezar, he crecido oyendo de manera constante comentarios del estilo: «A las que tenemos este cuerpo nos toca cerrar la boca, es nuestra ley de vida», y conversaciones frecuentes sobre comida, ingredientes, sustitutivos, pastillas. Cosas que en mi caso, pese a que la intención era calmarme, solo acentuaban más y más mi TCA. En la consulta médica, una vez que fui por un resfriado, mi doctora llegó a tenerme quince minutos con la camiseta levantada mientras me auscultaba y me pellizcaba la barriga al son de: «No veas la barriga que has echado, con lo jovencita que eres». En un gimnasio, mientras me hacían la ficha, la instructora y encargada del establecimiento me preguntó a gritos delante de todo el mundo si no me daba vergüenza pesar ochenta kilos con veinte años. Por si a alguien le interesa, mido uno sesenta y ocho, por lo que te aseguro que no estaba en mi momento de mayor peso precisamente. Les acababa de contar que llevaba años con un TCA, que había empezado a tratarlo hacía poco y, al final, su compañero le llamó la atención para que cesara, viendo que se me caían las primeras lágrimas. Me dio tal ataque de pánico que tuve que salir del gimnasio sin entrenar y mi pareja de ese momento vino a buscarme porque estaba en plena calle sin poder moverme ni respirar. Me ocurrió una situación similar en un centro estético en el que pretendía que me hicieran un tratamiento para «deshacer la grasa», pero que acabó en otro ataque de pánico y varios días de conductas compensatorias. Resulta que, a la mujer, mi barriga le pareció tan poco tratable que no dudó en decirme: «Yo así no te pienso tocar. O pierdes peso y adelgazas esta barriga [mientras la pellizcaba con fuerza] o yo con esto no puedo trabajar». Y así podría seguir y seguir y seguir. Como todas las veces que, cuando trabajaba como instructora de zumba y pilates (me dediqué a ello durante varios años) tuve que tragarme comentarios aparentemente simpáticos como «Hay que ver lo bien que te mueves para lo gorda que estás», que aunque suenen mucho menos hirientes que los anteriores, también hacían mucha pupa. Imagínate que desde los nueve años todo lo que oigas sobre ti y tu cuerpo sea eso. Es imposible pensar que, más allá de desarrollar un TCA, a una no le van a afectar estos mensajes que se repiten en su mente día tras día. Es innegable que el concepto sobre ti misma se va a ver salpicado por todo eso que llevas años creyendo sobre ti y tu cuerpo.

¿Que cómo respondía a todos esos comentarios? Llorando. Solía sonrojarme, sentía mucha vergüenza, se me activaba el discurso interior destructivo y solo quería que se abriera un agujero en la tierra en el que esconderme para que nadie me viera, pero como no podía ser..., siempre me echaba a llorar. ¿Ahora entiendes la costumbre de llamarme «la Llorona» en mi familia? Era más fácil decirme eso que preguntarse qué me hacía sentir así.

No, la forma en la que me ves confrontar hoy los comentarios gordófobos o despectivos no habita en mí desde siempre ni ha aparecido tras presionar un botón, sino que ha surgido como parte del camino de aceptación por el que llevo caminando muchos años y ha sido fruto de conocerme y valorarme lo suficiente como para no hacer mío algo que no lo es (recuerda la metáfora de la bolsa de la basura). Claro está que no todos los días se afrontan igual este tipo de situaciones, pero me ha servido mucho hacer el ejercicio de soltar con seguridad lo que sé que no me pertenece. Y no veas qué liberación. Hacer esto mientras estás metida en la cultura de la dieta es muy muy complicado. Básicamente porque lo que empieza por «querer perder peso» termina ocupando y dominando toda tu vida. Nos han inculcado tanto la idea de que los cuerpos son estáticos y completamente modificables que perdemos la vida en intentarlo, y han sabido muy bien cómo hacernos sentir las únicas responsables de cada «fracaso» en el proceso.

Tristemente, hemos pasado a poner en mayor valor la apariencia física de una persona que su esencia y su ser. Nos hemos olvidado de ser personas empáticas, respetuosas y auténticas por tratar de cumplir con la imagen de lo que «está bien» según la sociedad. Así lo vemos todos los días con los miles de personas que no dudan en negar la realidad de las personas gordas, que nos humillan, violentan y señalan por salirnos de la norma y abrazar nuestras diferencias. No sé a quién se le ocurrió la idea de que mediante el odio y la violencia se podía ayudar a alguien, pero desde luego ese es el camino contrario al éxito. Desde ahí no se toma ninguna decisión con amor. Repito, NINGUNA. No puedes pretender cuidar un cuerpo que has aprendido a odiar, es sencillamente imposible. Aprende a respetarlo y a partir de ahí descubrirás lo que realmente necesita. Mientras quieras hacerlo pequeño a toda costa, mientras la idea de adelgazar sea el único motor de tu vida, mientras sientas que no puedes hacer las mismas cosas que los demás o que tú no te las mereces por tu corporalidad..., no vas a poder. Y lo digo con el pleno convencimiento de haber estado en ese lado más de media vida. Por eso ahora no permito que nadie me sugiera cómo debería ser mi cuerpo ni cuáles deberían ser mis hábitos para conseguir cambiarlo. Con tiempo y gracias a la ayuda de las profesionales que me han acompañado en este proceso, he entendido que mi cuerpo, al igual que el de todas nosotras, tiene un ritmo que no siempre voy a ser capaz de controlar. He entendido que no necesito obligarlo a cambiar a la fuerza, sino que he de respetarlo y cuidarlo con amor. Mi cuerpo necesita nutrientes, alimentos de calidad, energía, movimiento, descanso, pensamientos bonitos y bajarle el volumen a la autoexigencia (doña Rogelia para las amigas), y todo eso me beneficiará en muchos aspectos que nada tienen que ver con adelgazar.

El día en que decidí comprometerme con la recuperación del TCA y empecé a ver la realidad que se escondía tras esa industria en la que llevaba años creyendo, lo pasé muy mal. Viví un duelo real, fase por fase. Tuve que aceptar que el cuerpo que me habían prometido que conseguiría a base de miles de productos y mucho esfuerzo podía no ser alcanzable para mí por otros muchos factores. Nadie había compartido nunca esto conmigo y, en ese momento, me tocó a mí pronunciar la frase «¿Por qué me habéis hecho esto?». Analicé cada minuto de lágrimas y dolor que había vivido en esos años y sentí que no habían servido para nada. En ese sentido es cierto que no sirvieron, pero, por otro lado, sin todo ese camino andado, no tengo ni idea de cómo sería la Mara que hoy escribe este libro.

Sé que es difícil aceptar que las dietas, tal y como las conocemos hoy, no funcionan. Sé que es complicado de asimilar que tu cuerpo puede fluctuar de peso por muchos motivos. Sé que no es sencillo dejar de controlar cada gramo que entra y sale por todo lo que hay asociado a ello, pero, aunque ahora te cueste, vuelve a repetirte que nada de eso es tuyo. Piensa en ti como una cebolla. Ya, sé que parece un ejemplo extraño, pero confía en mí. Como ellas, todas las personas tenemos varias capas. La capa exterior es la que mostramos al mundo, pero debajo se esconden nuestra historia y todas las cargas que llevamos en la mochila. Al final, la última capa ¿qué crees que esconde? A mí me gusta llamarla «esencia», pero puedes utilizar el término que más cómodo sea para ti. La llamo así porque considero que esa capa es la más «pura», la que más cubierta y protegida ha estado, por lo que diríamos que es nuestra versión inicial a la que hemos ido añadiendo capas, ¿me sigues? Ahora bien, piensa en ella. Si hoy ya reconoces tu esencia, esto te sonará más sencillo, pero si todavía no te has desprendido de esas capas externas, imagina cómo crees que es tu esencia. Puedes darle forma, color, olor, textura, pensamientos, ideas, sonido. Pero quiero que respondas algo: ¿crees que en esa capa residen el odio, la vergüenza y el rechazo que sientes hoy hacia tu cuerpo? Piensa en un bebé durante la etapa en la que se observa las manos y los pies a todas horas y se asombra con su reflejo en el espejo. Cuando de más mayores se acarician los rollitos de la barriga. ¿Crees de verdad que naciste odiándote? Puede que te sea difícil viajar al primer momento en el que ese rechazo se despertó en ti. Yo me planto directamente en mi adolescencia, pero soy consciente de que los mensajes violentos empezaron mucho antes. Lo que sí sé, y para esto me ayuda ver los cientos de vídeos que conserva mi padre de cuando era pequeña, es que antes de eso no existía en mí ni un ápice de rechazo hacia mi cuerpo.

No naciste pensando lo que piensas hoy de tu cuerpo. ¡Ni siquiera aunque sea bueno! Porque tu buena autoestima también ha sido el resultado de un gran trabajo bien enfocado durante todo este tiempo. Por lo tanto, la buena noticia es que igual que llegó ¡se puede ir! Ya, lo sé, no es fácil. Estoy segura de que ya lo has intentado. No hace falta que me digas las veces que te has plantado frente al espejo, sin éxito, para tratar de decirte cosas positivas. Sí, también sé la cantidad de esfuerzo que te ha supuesto cada vez que has intentado convencerte de que «hoy me voy a ver bien» y has seguido sintiéndote mal con la imagen del espejo. TE ENTIENDO. He estado ahí. Por eso ahora, desde el otro lado del cuento, te invito a darme la mano y cruzar. No, el camino no es llano ni sencillo de atravesar. Recuerda que la mochila es bien pesada y hay tramos en los que sentirás que te faltan las fuerzas..., pero no. Tu fuerza siempre está en esa última capa de la cebolla.

¿Me acompañas?

Capítulo 5

581 km

GENTE GORDA HACIENDO COSAS,
¿dígame?

Crees que la gente gorda es sencillamente vaga y que no mira por su estado de salud.

Entiendo. ¿Englobas en el concepto «salud» algo más aparte de la alimentación y el ejercicio? No, porque consideras que esos son los dos pilares fundamentales. Claro, quizá deberías empezar por entender que la salud de una persona viene determinada por muchos factores y que precisamente recibir un trato discriminatorio y violento como el tuyo puede desencadenar serios problemas de salud mental que, a su vez, pueden reflejarse en el estado físico. Ya que te preocupa tanto, deberías tener todo esto en cuenta, ¿no te parece? Creo que, por tu parte, deberías trabajar tu ignorancia y falta de empatía antes de seguir señalando las diferencias del resto.

Gracias por tu llamada.

Cuando conocí a mi pareja, más conocido como el Bebi para mis croquetillas (las personas maravillosas que forman mi comunidad en redes sociales) y a quien de ahora en adelante mencionaré como A. J., estaba siendo un momento muy catártico de mi vida. Bueno, mejor dicho, nos reencontramos en un momento muy catártico de mi vida. A. J. y yo nos conocemos desde los catorce años, cuando nos presentaron en las fiestas del pueblo. Empezó una historia muy bonita entre nosotros que resultó en la pareja que somos hoy (entiéndase como el día en el que escribo esto y, esperemos, también cuando tú lo leas). Llevábamos años viéndonos durante mis visitas al pueblo de Murcia del que era mi abuelo Teo, pero cada uno con nuestra vida, a cuál más completa: estudios, trabajo, parejas. El resto del año nos separaban los casi seiscientos kilómetros que hay entre Murcia y Sabadell, mi ciudad natal, por lo que nada hacía presagiar que algún día hubiera algo más entre nosotros que el primer beso que nos dimos, algo nerviosos y totalmente inexpertos, de adolescentes.

El año en el que iniciamos nuestra relación me tenían que operar dos veces de quistes en las cuerdas vocales, lo cual me aterraba porque soy actriz y cantante. Después de la última ruptura todo se me hizo muy cuesta arriba (cosas que pasan cuando idealizas muy mucho a tu pareja y vives las relaciones desde la dependencia y el miedo al abandono) y mi TCA estaba totalmente desatado. Tenía un trabajo muy exigente en cuanto a horas y rendimiento que me permitía escaquearme de las ingestas y amoldar el táper de comida a cualquier cosa con algo de alimento, lo cual siempre desencadenaba en atracones en la cafetería. Era un momento muy complicado para mí en el que, además, no dejaba de repetirme que no había espacio para el amor, así que mi intención era convertirme en una completa ermitaña que planeaba venganzas contra los hombres. Bendito Bebi por su paciencia sacando las capas de esta cebolla.

Iniciamos nuestra relación a distancia y, después de un año yendo y viniendo, la pregunta estaba clara: ¿hasta cuándo? Él tenía un presente estable y satisfactorio y yo, muchos hilos sueltos y ganas de volar; así que decidí ser yo quien llenara el coche hasta arriba y «a ver qué pasa». 581 kilómetros, tal y como revela el título de este capítulo, son los que me separan de la otra mitad de mi corazón: mi casa, mi gente, mi historia, mis raíces. Al principio me costó un mundo empezar de cero, aunque por otra parte fuera un descanso. Por un lado, sentía un desconsuelo tan grande como si nunca pudiera volver a Barcelona y hubiera abandonado a los míos; por otro, me invadía una calma brutal al pensar que me separaban tantos kilómetros de los conflictos y heridas del pasado. Realmente, marcharme a Murcia fue para mí un plan de huida en muchos sentidos. Llevaba años persiguiendo la idea de ser feliz y tratar de conseguirlo se sentía como escalar una pared de piedra mientras te cae una cascada de agua en la cara. Era muy desalentador darme cuenta de que llevaba muchos años resignada a la idea de no ser feliz nunca a menos que adelgazara. Me había grabado a fuego la frase «Esto es ley de vida» y dentro de mí sentía un profundo dolor al creer que los pensamientos que vivían perennes en mi mente se iban a quedar ahí para siempre. Por eso, dar el paso de irme a vivir con A. J. y empezar de cero significaba tanto para mí.

Además, siempre me ha encantado viajar. Con dieciocho años me quería ir a estudiar fuera como algunos de mis compañeros, pero me dio miedo. Durante los veranos empecé a irme a trabajar como animadora turística a otras ciudades, pero cuando me planteaba hacerlo todo el año, no me atrevía. Miedo, miedo, miedo. He crecido con muchos miedos. Miedo a pensar, miedo a sentir, miedo a actuar, miedo a arriesgar, miedo a equivocarme, miedo al dolor, miedo a ser. Siempre prefería quedarme en mi zona de confort, por disfuncional que fuera, a tirarme a una piscina que pudiera conllevar dolor. Durante años mi mayor temor ha sido sufrir. Como el de todos, supongo. Volver a ese lugar de desconsuelo, de vacío, de punzadas en el pecho, de llantos inconsolables. Me imagino que es lo normal, aunque con el tiempo aprendamos a ver el sufrimiento como un maestro.

Como decía, desde hacía tiempo me quería marchar y empezar de cero, así que parecía una buena oportunidad para hacerlo, pero lo cierto es que mi inestabilidad emocional del momento se comió bastante esas ganas. Me costaba socializar, no podía ni pensar en la combinación «gente nueva + comida» porque me provocaba ataques de pánico muy fuertes. Me sentía sola, perdida, no tenía nada claro qué quería hacer con mi vida. Y realmente ahí empezaron todos los «clics» que me han traído hasta el presente.

He querido dar espacio a esta parte de mi historia por varios motivos. Primero, para que dejes de sentirte una persona poco merecedora o válida para ser amada, sea cual sea tu circunstancia actual. Claro que una buena autoestima te permite saltarte la parte amarga del proceso, pero es mi deber recordarte que hay gente dispuesta a atravesar contigo las sombras, aunque tarden más en verte brillar. Segundo, para que entiendas con un ejemplo más la importancia de quererte y querer bien a los demás antes de anhelar una pareja por no saber estar contigo misma. Tercero, porque creo que es una historia preciosa y me apetece ponerme un poco tiernita. El Bebi se lo merece.

Evidentemente, mi relación con A. J. se veía afectada por todo lo que me estaba pasando y el problema no era solo ese, sino que yo no sabía ponerle nombre. Sabía que podía tener que ver con ese TCA que llevaba años sin pronunciar, porque antes de mudarme había ido un par de veces a terapia y huía de ellas en cuanto ese término aparecía, incapaz de confrontar la recuperación. No sabía cómo ponerme delante de él y explicarle algo que ni yo misma conocía por el miedo que llevaba grabado a fuego en el pecho. Tampoco sabía cómo explicarle que, en realidad, la Mara que estaba viendo era la que no llevaba coraza, con cada miedo al descubierto. De alguna forma sentía que le había estafado por mostrarle durante algo más de un año a una Mara sana, feliz y realizada cuando esas no eran más que muchas capas que yo misma me impuse y que en la intimidad no tardaban en caer. Era incapaz de identificar de dónde venía todo lo que estaba sintiendo, solo sabía que estaba mal, muy mal, que tenía miedo de volver a caer en una depresión, de volver a la medicación, de no querer seguir viviendo. No dejaba de repetirme a mí misma que todo debía de ser parte del proceso de adaptación a vivir en Murcia, pero en el fondo, muy en el fondo, algo me decía que no iba bien.

A. J. siempre se ha esforzado por entender mi realidad, aun siendo completamente opuesta a la suya, aunque no ha sido fácil. Con tiempo, paciencia y mucho amor, ambos hemos aprendido a trabajar la escucha y a atender las necesidades del otro sin abandonar las nuestras. Me resulta precioso ver cuánto hemos crecido juntos. Al principio discutíamos mucho porque no sabíamos atender la realidad de la otra parte. Cuando ya estábamos metidos en la convivencia, apenas conocíamos las sombras del otro. Sabíamos cómo era la capa externa, los gustos, las aficiones, «la carta de presentación». Pero todos sabemos que hay mucho más por conocer. La inseguridad se apoderaba de mí en esos momentos y en mi cabeza no dejaba de repetirme que no me aguantaría. Después de las experiencias que había tenido con parejas anteriores, había aprendido a amar de la forma más disfuncional y guerrillera que uno pueda imaginar. Para mí los gritos y las discusiones habían sido lo normal desde que tenía uso de razón porque escuchaba comunicarse así a mis padres. Había visto cientos de películas en las que las parejas gritaban y lloraban para expresar lo que sentían y, después lo arreglaban con una intensa noche de mimos y pasión. En mi caso, eso último pocas veces acababa pasando, sino que más bien se convertían en noches de silencios incómodos y tirones de la manta para intentar no rozar al otro. Así es como aprendí a tener pareja. Hasta que llegó el momento de desaprender.

Me sentía muy mal por no poder devolverle a A. J. el mismo cariño y comprensión con los que él me trataba. Aunque sé que lo hice tan bien como supe en ese momento, mi estado personal creaba situaciones muy incómodas repletas de celos, discusiones y orgullo, entre otros. Me aferré a nuestra relación desde ese lugar sumamente equivocado que llevaba arrastrando desde el primer minuto en que un chico puso su mirada en mí. De verdad, sentía que yo era tan poca cosa, tan insignificante, tan carente de valor que en cualquier momento se marcharía, y eso me generaba unos celos muy dolorosos para los dos; a mí me llenaban la cabeza de los escenarios más grotescos y traumáticos, y a él le herían y le hacían sentirse alejado de la persona con quien quería estar. No confiaba en él porque no sabía confiar en mí. ¿Cómo iba a poder ofrecerle algo que nunca había experimentado? Uno da lo que es.

Seguramente habrás leído y oído cientos de veces esa frase de «Quiérete tú para querer a otros» o «Si no te quieres tú, nadie te querrá», y me gustaría desgranarlas para darles un sentido más compasivo del que acostumbramos. Quererte va mucho más allá de apreciar la imagen del espejo. Quererte implica conocerte, respetar cada parte de ti —aunque alguna te guste menos—, saberte merecedora de cosas buenas, sentirte al mismo nivel que los demás. Por eso, más allá de cualquier circunstancia, es importante que te quieras. Porque quererte va a permitirte explorar con respeto y amor quién eres, qué quieres para tu vida y qué no, vas a poder dar lo mejor de ti en cada situación, conocerte en la mayor de las oscuridades y hasta admirarte en ella… Y eso, claramente, se va a ver reflejado en tu forma de relacionarte con otras personas.

Ya te he explicado cómo esa etapa de desconexión conmigo misma y de poner mi valía en manos de otros solo resultaba en relaciones disfuncionales en las que no estábamos en igualdad de condiciones, sino que eran una especie de «trueque» en el que amar no era algo genuino, sino un intercambio con el que obtener lo que yo no me sabía dar. Con lo cual, si esas maravillosas herramientas de empoderamiento, con las que llevo aburriéndote todo el libro, están en ti, no puedes aceptar nada que no te aporte un verdadero bienestar a tu vida. O sea, cuando pones en valor el nivelote de persona que eres y todo lo que puedes aportar, cuando te admiras por el camino recorrido, cuando te conoces más que nadie en este mundo y sabes apreciar lo bueno en ti..., ¿cómo vas a querer algo malo en tu vida? No, de ninguna manera, sabes que mereces todo lo bueno de este mundo porque eso es lo que tú puedes entregar. Si uno da lo que es..., es lo que da. Y si uno es y da cosas maravillosas..., tarde o temprano estas vienen de vuelta porque no hay espacio para cosas seudomaravillosas. Y ojo, esto va mucho más allá de una pareja o una amistad. No se trata de que encontrar pareja sea la recompensa por quererte. Para nada. Puede ser una consecuencia más porque te abrirá a otras personas, pero puedes preferir que eso no pase y está igual de bien. Al final, cuando hablamos de cultivar amor —que en este caso yo lo ejemplifico con la historia de mis amistades y mi pareja—, no hay que olvidar (y espero que haya quedado claro) que el mayor amor que hay que cultivar es el amor hacia una misma, que parte del mismo lugar que el resto de los amores.

Esta es la cuestión: es cierto que quererte (entendiéndolo como un concepto global) te va a ayudar a establecer relaciones sanas y funcionales, con sus límites y escuchas correspondientes. PEEERO aquí viene lo que quiero que tengas claro: si todavía hoy no has reaprendido a quererte por el motivo que sea, ten claro que aun así sigues mereciendo recibir amor. Yo misma he comprobado que siempre hay alguien dispuesto a respetar tus tiempos, a comprender tu proceso y al que tú también sabrás amar, aunque todavía no sea de la mejor manera, porque el amor ya está en ti. No nos cuesta querer a otros, nos cuesta hacerlo BIEN por todas las ideas erróneas sobre el amor con las que hemos crecido, sumadas a nuestras heridas personales y a nuestra historia de vida, pero es que tú ya naciste amando de forma genuina. ¿Te acuerdas de lo que hablábamos antes? Naciste con amor y luz en tu interior, todo lo demás se fue sumando a la capa de tu esencia desde que eras pequeña. Sabes amar porque eres amor en ti misma. No me importa lo romántico y empalagoso que pueda resultarte leerlo, porque es la verdad. Sabes amar, pero para hacerlo tienes que esquivar tantas capas que a veces cuesta. Además, el peso de esas capas es demasiado como para que no te afecte en tu forma de amar. Al final, solo necesitas volver a saber cómo querer de esa manera más genuina y honesta. Por eso, aunque hoy no te quieras, deja de sentirte mal porque otros lo hagan. Déjate querer y, quizá gracias a su forma de amarte, aprendas a hacerlo tú contigo misma. Quererte es la bomba, es el sumun de las cosas guais de esta vida, pero no hace falta recorrer el camino sola. Recuerda que amar no habla solo de los demás.

Cuando tenemos una baja autoestima, cuando hemos olvidado cómo querernos bien, nos tratamos mal y permitimos que los otros también lo hagan. Fíjate en esto: yo solía hablarme fatal, decir cosas horribles sobre mí, considerarme siempre una inútil sin fuerza de voluntad, alguien a quien todo le salía mal, solía insultar mi cuerpo frente a otras personas, dejándoles claro lo mucho que lo rechazaba por ser un cuerpo gordo y no delgado, por no tener un vientre plano, porque mis brazos se vieran flácidos al moverlos. Si yo hablaba así de mí misma y no sabía ponerle límites a este discurso tan autodestructivo, ¿cómo iba a evitar que el resto lo hiciera? Yo misma les había enseñado a hablar de mí y de mi cuerpo con ese desprecio y esa libertad. Por eso nunca sabía ponerle límites a la amiga que me decía «Es que no puedes seguir así, tía, eres demasiado guapa para estar tan gorda. Ponte las pilas y adelgaza, porque ya sabes que los tíos no te ven igual», ni a la que hablaba constantemente de productos adelgazantes en mi presencia, ni a la que me gritaba, ni a la pareja que imitaba entre risas mi forma de comer, ni a la que me maltrató durante algo más de un año. La forma en la que nos tratamos es la forma en la que enseñamos a otros a tratarnos. Por eso, tenerte como prioridad y respetarte no va a significar solo empezar a apreciar la imagen del espejo o las funciones de tu cuerpo. También va a mostrarle a los demás que tú no te dejas pisar, que tú eres merecedora de cosas buenas y no vas a conformarte con menos.

Y sí, mi pareja fue quien me hizo darme cuenta de que no podía seguir así. Llevaba años con la lección aprendida de que yo era la última prioridad, así que no hubiera podido tomar esa decisión pensando solo en mí. La idea de no hacerle daño a la primera persona que me estaba queriendo bien fue a lo que pude aferrarme en ese momento para cuestionarme qué estaba pasando. No, A. J. no fue la motivación para ser feliz. La motivación fui yo y la vida que me prometí a mí misma que existía para mí. A. J. fue el empujón, el impulso, la gasolina. Fue él, al mirarme con los ojos cargados de amor y tristeza a partes iguales, quien me hizo preguntarme a mí misma: «Mara, ¿qué estás haciendo?». Yo seguía sin considerarme importante y por eso no pude encontrar antes esa fuerza en mí, pero no quería dañar de ninguna forma a A. J. y su forma tan pura de amar. Siento que eso fue lo que despertó en mí las ganas de AMAR, en mayúsculas. De amarme a mí y a él; de amar la vida, mi cuerpo, mi inteligencia, mis virtudes, mis defectos, cada oportunidad. Y decidí que era momento de buscar ayuda. Después de meses de mucha inestabilidad emocional, era hora de comprobar qué otras cosas me podía ofrecer la vida. Entonces, por primera vez, pronuncié la frase que lo cambiaría todo: «Tiene que haber otra vida para mí».

Cuando aprendes a ver el amor con la sencillez que realmente lo define, comprendes que todo el ideal romántico que nos venden tiene poco de beneficioso. Hoy, que conozco el amor en su forma más bondadosa y pura, puedo decir con pleno conocimiento de causa que el amor no duele, el amor no se lucha, en el amor no hay que dejarse hacer añicos por otra persona ni pasar por alto nuestro dolor. Claro que en cualquier relación hay altibajos, que a veces sufrimos o herimos al otro de forma involuntaria y debemos ser conscientes de ello para no mecanizarlo, que la nube del principio de una relación va cambiando su forma, pero debes tener bien claras dos cosas: cuáles son los límites que van acordes a tus valores, los que necesitas para conservar tu calma emocional; y tu enorme valía como ser humano, lo que te convierte en merecedora del amor más puro de este mundo. Cada uno ama como puede y sabe, por eso es importante aprender a respetar las formas de amar de cada uno, pero teniendo siempre en cuenta tus propias necesidades. Vivir el amor de otra forma solo perpetúa modelos de relación basados en el sufrimiento, que es lo contrario al amor. En toda relación hay que unir las piezas que forman a cada persona, pero nunca debes perderte a ti para encajar en la pieza de otro. Incluso a veces el amor es lo que te ayuda a encajar en ti tus propias piezas. Por eso, mientras escribo esto, solo puedo dar gracias porque

A. J. apareciera en mi vida y me enseñara a amar(me). Gracias a él y a nuestra relación aprendí que la palabra «siempre» puede significar un tiempo limitado o corto y vivirse igual de intensamente, porque aunque me dolería en el alma si tuviera que separarme de él, ha sido tal la libertad y la pureza de nuestro amor que se respira como algo eterno.

Capítulo 6

Otra vida para mí

GENTE GORDA HACIENDO COSAS,
¿dígame?

Una chica gorda ha subido una foto comiendo y lo que hay en su plato no es una ensalada. Verás. Vale, veo que le has puesto «Así estás». Te ha ignorado, claro, es que este es un clásico, está muy visto ya.

Entiendo, que no te parece bien que suba estas fotos porque incita a otras personas a estar gordas. No veo que le digas lo mismo a tu amiga Lore, cuando os juntáis los viernes para comer pizza y beber refrescos y lo subís a vuestros stories. Ah, claro, que vosotras estáis delgadas y podéis permitíroslo. Porque las personas delgadas no tenéis ni diabetes ni colesterol, ¿verdad? Una minoría, claro. Mira, yo creo que lo más constructivo sería promover hábitos saludables para todos los tipos de cuerpo, básicamente porque no está bien suponer o juzgar los hábitos de una persona al ver una foto y porque la alimentación es importante, claro, pero hay otros muchos factores que intervienen en nuestra salud tales como la genética, el metabolismo, el estrés, el movimiento. Yo lo que me plantearía es: ¿realmente te importa la salud de las personas o solo te molesta lo gordas que estén?

Gracias por tu llamada.

Soy una persona con mucha fe. Tengo un concepto muy personal sobre aquello en lo que creo porque siento que esa es la forma en la que todos deberíamos vivir la fe: a nuestro gusto y manera. Entiendo que hay muchísimas personas que consideran esto una bobada o una forma de autoconvencerse, pero si yo no hubiera tenido fe en mí, en recuperarme, en que sacaría una lección positiva de todo esto..., no estaría hoy aquí. Tuve varios episodios de pensamientos suicidas durante una etapa de mi vida y a partir de ahí me convencí de que o me aferraba a algo o no encontraría las ganas de luchar. Bendito autoconvencimiento, entonces.

Ese «clic» que mencioné en el capítulo anterior, cuando la frase «Tiene que haber otra vida para mí» resonó en mi cabeza, lo sentí como un verdadero despertar. Empecé a entender tantas cosas de mi vida, a caer en los porqués de muchas experiencias. Fue la primera vez que decidí buscar ayuda convencida de que era lo que necesitaba. Tardé en encontrar profesionales con los que me sintiera cien por cien cómoda para que me acompañaran en el proceso, la verdad, y es algo que me gustaría que tuvieras en cuenta a la hora de buscar ayuda profesional. La recuperación ya es lo bastante dura como para pasarla junto a alguien con quien no te sientes cómoda. Esto significa que, antes de iniciar la terapia, sea cual sea, deberías buscar información sobre distintos profesionales y su metodología. No todo el mundo trabaja de la misma forma ni se comunica igual, y eso es maravilloso porque estas diferencias nos permiten encontrar a la persona más adecuada para nosotras. También he tenido la suerte de trabajar con profesionales maravillosas que me han brindado todas las herramientas con las que cuento hoy para gestionar mi vida, así que a todas ellas: GRACIAS.

Empezar la terapia fue un momento complicado. Llevaba años huyendo de la idea de abrir la caja de los monstruos y sabía que acudir a consulta implicaba sanar muchas heridas que yo había aprendido a tapar muy dignamente. En mis primeras sesiones era un mar de lágrimas porque tenía mucho miedo a verbalizar todas esas cosas que llevaba años callando. No me imaginaba lo liberador que podía resultar que, después de haber recibido mensajes de culpa e incomprensión durante tanto tiempo, alguien me mirara fijamente a los ojos y validase mi dolor. Empecé yendo únicamente a terapia psicológica, en parte porque sentía que tenía mucho que sanar a nivel emocional y, por otro lado, porque reconozco que acudir a una consulta de nutrición me daba pavor por todo lo vivido. De hecho, hace poco tuve que empezar una terapia nutricional por un problema en el intestino y todavía no me creo el maravilloso trato que me da Sandra, la profesional que me acompaña. Te juro que este proceso de recuperación está siendo una sorpresa tras otra. Muchas veces me descubro a mí misma sonriendo cuando termino la sesión de terapia o la de nutrición al darme cuenta de lo diferente que estoy viviendo todo desde esta nueva posición.

Empezar a sanar es intenso. Sacar a la niña interior, hablar con ella y sanar todas sus heridas. Hablar de tu infancia, de tus padres, de tu familia, de tus amigos. Hablar del dolor, del bullying, de la comida, del cuerpo. Que me corrijan con cariño cada vez que hablo mal de mí ante mi incrédula mirada. Pensar: «Ah, espera, ¿no es así como debo tratarme? Pero si estoy gorda...». Entiendo el miedo que da a veces tomar la decisión de pedir ayuda porque yo también lo he sentido. Tenía miedo a que se rieran de mí, que me juzgaran, que el dolor al sacar todo lo que llevaba dentro fuera insoportable..., y fue difícil, sí, todavía a veces lo es, pero te prometo que compensa. Compensa sentirte acompañada en tu dolor, que alguien sostenga tus emociones, sentir que cada parte de ti se va recomponiendo. Compensa empezar a vivir. A vivir de verdad. Sin medias tintas. La terapia no es un milagro, no es el hada madrina de Cenicienta que con un «¡Bibbidi-bobbidi-boo!» hace desaparecer cualquier problema en una sola sesión. La terapia, como yo la veo, es ponerte frente a una persona que tiene un abanico de herramientas para ayudarte a gestionar cada situación. Es como jugar a las cartas, al UNO, por ejemplo. Tú echas una carta en forma de problema, emoción o inquietud y tu terapeuta lanza una forma de trabajarlo, enseñándote además cómo hacerlo. Es caminar de la mano con alguien que te acompaña, sí, pero que no hace el camino por ti, sino que te enseña a caminarlo para que seas tú quien aprenda a sortear cada obstáculo. No hagas el camino sola, te lo pido por favor. Pide ayuda si la necesitas, no tengas miedo ni vergüenza y, si los tienes, hazlo a pesar de ellos. No esperes a tener un diagnóstico o a que te pase algo muy extremo o doloroso para necesitar que te acompañen en este proceso. La recompensa de tomar esa decisión eres TÚ y, solo por eso, ya merece la pena intentarlo.

Aparte de la terapia, recuerdo que entré en las redes sociales y empecé a rescatar cuentas que hablaran de *body positivity*, amor propio, autoestima..., que había seguido con admiración durante muchos años, sobre todo las que mostraban fotos de chicas gordas felices, que iban a la playa, que compartían mensajes positivos y poderosos sobre sus cuerpos. «¿Cuándo me toca a mí?», pensaba siempre que las leía. Todas esas cuentas estaban escondidas entre los cientos de recetas saludables, los «antes y después», distintos métodos de adelgazamiento y frases tipo «Si quieres, puedes» que inundaban por entonces mis redes. No creas que hace tanto de esto. Hace poco más de un año hice limpieza en mi cuenta personal y aluciné por la cantidad de perfiles de ese tipo que todavía seguía y que tenían un impacto supernegativo en mí.

Empecé a encontrar a chicas que posaban felices con sus cuerpos, que hablaban de la recuperación total de TCA. «*Wow...*, entonces es posible», me repetía ilusionada. También descubrí psicólogas, nutricionistas, médicos que inundaban las redes con un enfoque de la salud completamente distinto, que hablaban de respetar los cuerpos gordos, del impacto que tenían el estigma corporal y la gordofobia. Encontré activistas que no tenían miedo, que denunciaban abiertamente la violencia con la que se nos trata en este sistema, y no creas que no fue duro asimilar todo esto. Me sentí engañada. Tanto tiempo creyendo lo que la cultura de la dieta y la sociedad en general se habían encargado de contarme sobre mí y sobre mi cuerpo, todo el esfuerzo, el haber hipotecado mi vida por algo que resultaba ser falso y que, en realidad, nunca estuvo dirigido a mi bienestar. Ahora resultaba que había personas confirmándome que podía ser feliz en el cuerpo que llevaba toda la vida rechazando, que podía cuidar mi salud para mucho más que tener un cuerpo más pequeño, que adelgazar podía dejar de ser mi meta en la vida.

Asimilar todo esto significó atravesar otro duelo. Me costó mucho aceptar no solo que me habían contado una película equivocada, sino que quizá era el momento de empezar a soltar la idea de habitar otro cuerpo y tratar de respetar y cuidar el mío. A lo largo de los años había aprendido a vivir en un cuerpo prestado. Desde el momento en el que la idea de adelgazar fuera como fuera entró en mi cabeza, la única manera con la que podía disociarme de lo mucho que odiaba mi cuerpo era sentirlo como algo temporal. ¿Me veía mal en el espejo? No importa, en cuanto adelgace no volveré a sentirme así. ¿No encontraba ropa de mi talla? Venga, ánimo, queda menos para que este cuerpo no vuelva a ser el mío. Sentir que vives en un cuerpo prestado es muy duro, visto ahora con distancia y objetividad. Como seres humanos, hemos aprendido a desconectarnos de nuestros cuerpos. Nacemos en un cuerpo tan sumamente brutal, con tantas funciones increíbles, tantos órganos trabajando..., que es triste ver cómo nos enseñan a desconfiar de él. Además, es significativo que esto no nos pasa hasta que crecemos y empezamos a entender que encajar en los estándares de belleza imperantes en la sociedad es algo necesario si no queremos ser excluidos. No nos cuesta nada admirar el cuerpo de un niño, por ejemplo, el cual vemos crecer y aprender a funcionar día a día: andan, hablan, ríen, lloran, agarran cosas, controlan los esfínteres, aprenden a bailar, a cantar, a jugar. En esos momentos repetimos mucho frases del tipo «Cómo crecen», «Es asombroso que lo que empieza siendo un garbancito dentro de un cuerpo se convierta en un ser humano independiente». Hasta ahí todo bien, pero ¡alto! Cuando empezamos a desarrollarnos, y desgraciadamente esto sucede cada vez más pronto, se nos exige una serie de requisitos para formar parte de la «chupipandi» que tiene organizada la sociedad actual. A la que, por el motivo que sea, te salgas un milímetro de las líneas marcadas, ¡meeeec! Alerta roja, se van a encargar de mandarte todos los mensajes necesarios para que sepas que por ahí no vas bien. Tampoco creas que nacer en un cuerpo normativo y aparentemente «perfecto» a ojos de la sociedad te exime de esas normas. No, qué va. Para ti tienen preparada la severa misión de no salirte nunca de ese molde: prohibido engordar, tener acné, cambiar tu cuerpo actual, dejar de usar productos que prometan mantener tu belleza. Todos los días leo mensajes de personas delgadas que me cuentan la presión estética que también reciben y, entonces, me doy más cuenta y me reafirmo en que el problema nunca ha estado en nuestros cuerpos. Yo siempre había deseado estar delgada porque representaba un lugar donde todo era perfecto, pero ¿ahora resulta que también ahí pueden machacarme?

Si me conoces actualmente y has oído la forma en que hoy me trato, te parecerán increíbles las burradas que llegué a pensar sobre mí y mi cuerpo solo porque no conseguía adelgazar con la facilidad que todos me prometían. No pude. Sencillamente, no pude. Mi cuerpo se esforzó lo más grande en hacerme entender que nosotras no cabemos en esos moldes. Se enfermó, los problemas intestinales no cesaban, me quedaba sin voz cada dos por tres (las personas que callamos constantemente lo que sentimos podemos somatizarlo a nivel corporal de esa forma), tenía ansiedad, tensión baja, mareos. Ay, cuerpo, qué duro lo intentabas. Por desgracia, en mi cabeza no entraba la posibilidad de entender que mi cuerpo no podía conseguir lo que otros sí. No había razón alguna por la que no adelgazase. No era capaz de ver esa realidad con compasión y aceptación, ni de valorar mi cuerpo por todo lo que me ha permitido hacer siempre, pese a todas las barbaridades que he hecho por dañarlo. Decidir salir de esa vorágine no es nada fácil. La fase de negación es muy intensa. ¿Cómo me van a engañar en esto? ¿Cómo va a ser todo mentira? ¿Cómo van a jugar con mi salud y mi muerte solo por mi peso? ¿Cómo me van a tratar distinto solo por estar gorda? ¿Cómo me van a vender productos y métodos que no funcionan? «No puede ser, no puede ser, no lo estoy intentando lo suficiente…», me repetía una y otra vez.

Te aseguro, a ti que me lees, que si yo hubiera tenido la posibilidad física y real de estar delgada…, lo habría estado. Sí, lo siento, ya te he dicho que nadie puede hablarme de fuerza de voluntad. Si verdaderamente adelgazar fuera tan fácil como controlar la comida y hacer más ejercicio, yo, que apenas comía y lo quemaba todo y más en el gimnasio cada día; yo, que contaba hasta el último gramo de azúcar que entraba en mi cuerpo y encontraba la forma de compensarlo después…, ¿acaso no lo habría conseguido? Mi cuerpo no puede ser delgado. Al menos no al nivel que exige el mundo para ser considerado bonito y apto. Se empeñó en demostrármelo con todas las dolencias que volvían una y otra vez, con los desajustes en la menstruación, los mareos, los desmayos en pleno tren de camino a clase. Pero me enseñaron a no escucharlo. Mi cuerpo, que me ha mantenido con vida después de todo, solo me pedía ser escuchado. Qué menos que eso.

Mi cuerpo y el tuyo son merecedores de amor y respeto. Cuando entendí la gran mentira que había vivido todos esos años, me comprometí a darle a mi cuerpo todo el amor que le habían negado. Nacemos con un cuerpo y aprendemos a odiarlo. Se convierte en un hábito el intentar cambiarlo, rechazarlo, quejarnos de él. Hasta que un día te agota seguir a dieta, odiarte por el número que marca la báscula, y quieres creer que hay mundo más allá de eso. Y sí lo hay. Lo que pasa es que es un camino largo, con subidas y bajadas; un camino que genera controversia y que supondrá un choque brutal con todo lo que has creído hasta ahora. Será un camino donde cuestionarte, conocerte y vencer al miedo. Un miedo que unas veces hará más ruido y otras veces menos. Claro que aún existen días en los que la idea de adelgazar me resulta tentadora. Quererse, aceptarse, valorar tu cuerpo es complicado en esta sociedad que sigue oprimiendo a las personas gordas a nivel sistémico y en cada rincón. A veces, la voz de mi TCA sigue tratando de cobrar fuerza para convencerme de que puedo intentarlo una vez más y así no morir por gorda. Quizá te preguntes cómo lo hago en esos momentos para no ceder. Pues bien, recordando...:

- ... Que, para conseguir mantenerme en ese peso, restringía muchísimos ingredientes en mi dieta, que se basaba en ensalada + alimentos cocinados a la plancha + pastillas para adelgazar o diuréticos...
- ... Que entrenaba como mínimo dos horas al día, aunque no me apeteciera, además de todas las clases de dan-

za que hacía a diario en mis estudios profesionales de Teatro Musical, y pese a que en pleno gimnasio me tuviera que secar las lágrimas y fingir que era sudor, porque sentía frustración por mi cuerpo cada vez que lo veía en el espejo o lo comparaba con el de otra persona...

- ... Que nunca comía lo que realmente me apetecía, así que adiós a las cenas con amigos, adiós a pedirme *loquemesalieradelaseta* en una cita, adiós a mostrarme tal cual soy (habla más fino, ríe más flojito, mete barriga, hazte la segura y la *femme fatale*) porque ¿QUÉ VAN A PENSAR?...

- ... Que antes pasaba hambre, tomaba productos adelgazantes, me hacía tratamientos y hasta me pellizcaba la piel porque, a mi parecer, mi barriga daba tanto asco que se lo merecía. La odiaba por estar ahí.

Y cuando ya he recordado todo eso, me recuerdo a mí misma que ahora me alimento para nutrirme, me muevo para valorar de lo que es realmente capaz mi cuerpo, me miro sabiendo que lo hago lo mejor que puedo y agradezco TODOS LOS DÍAS sin excepción «el pequeño gran detalle» de estar viva, seguir respirando, latiendo, caminando, hablando... Así que, pensándolo mejor..., es precisamente a eso a lo que no quiero volver. Ahora puedo decidir sobre mi cuerpo con amor, con consciencia, sin culpa ni rechazo... Adiós al castigo y bienvenidos para siempre el disfrutar de la comida y el deporte, atender a mi sensación de hambre, ser siempre yo. Para mí, solo desde esa gratitud, perdón y pequeñas dosis de cariño, puedo mirar mi cuerpo como un aliado y no un rival. Solo desde ahí puedo ver esos pensamientos intrusivos, esos que yo bautizo como «la voz de Doña Rogelia», con distancia y compasión, sabiendo que durante muchos años han sido automáticos y que eliminarlos de golpe no es posible cuando, además, los sigues teniendo al salir de casa.

Aceptar es dejar de luchar y resistirse ante una situación. Con los pensamientos igual. Los veo pasar por mi mente, los descubro queriendo meter la patita más de la cuenta y, entonces, trato de dejarlos pasar como quien observa el tráfico en plena calle. Cuando no aceptas tu cuerpo, vives en lucha con él. Vives sintiendo que es prestado, con fecha de caducidad. Te enfadas con él cuando no baja de peso, si aparece una estría, si no se tonifica lo suficiente. Aceptar tu cuerpo es respetarlo, entender que cada una de sus funciones te mantienen con vida y que todos los cambios que atravieses se van a reflejar en él. Es valorarlo tanto tanto que solo tengas ganas de cuidarlo en todos los sentidos. Es saber que, al salir de casa, vas a seguir encontrando mensajes hostiles hacia él pero que, gracias a ese trabajo previo en ti misma, tendrás claro que dejar de respetarte no es una opción. Y así, el camino se siente un poquito menos amargo.

Hay días que me cuesta más y otros menos, pero en eso estamos. Lógicamente, ningún cambio es lineal. Hay momentos de luces y momentos de sombras, como los hay en todas las calles del mundo, sea cual sea el camino que tomes. Además, por mucho trabajo personal que hagamos, ahí fuera sigue habiendo una sociedad gordófoba que impone unos estándares de belleza cada vez más imposibles, por lo que nuestro esfuerzo de momento seguirá quedándose a medias, pero aprendamos a valorar el camino que recorremos para alcanzar nuestro bienestar. Muchas veces creemos que sanar nuestra relación con nuestro cuerpo es apretar un botón, conseguir hacernos una foto en bikini y comernos una pizza sin culpa. Se cree que aceptarse es levantarse un día y que no existan miedos ni complejos, que de repente ames verte en el espejo y tus creencias sean otras en un «¡chas!». Pero no siempre va a ser así. Cada cual debe transitar este proceso atendiendo sus propias necesidades. Hay personas a las que exponerse desnudas frente al espejo, o incluso ante una cámara, les ha resultado un proceso terapéutico y maravilloso que les ha permitido encontrar belleza en el cuerpo que siempre habían rechazado. Personas como yo, en cambio, tardarán más en ponerse frente a un objetivo y mostrar su cuerpo de una forma cómoda, pero tranquila, llegará. Más tarde o más temprano. Hay personas para las que comer sin culpa será el último paso, algunas que van a tardar menos en interiorizar esta nueva forma de pensar y otras a quienes eliminar sus creencias les va a resultar un trabajo difícil. Cada camino es distinto porque cada historia es única. No podemos pretender cambiarlo todo en un día. La prisa siempre aparece porque tenemos una necesidad enorme de estar bien, y es lógico; pero igual que en su momento pasamos por un proceso para llegar a creernos que no éramos suficiente, que nuestro cuerpo no era válido y que no merecíamos amor ni cosas buenas, ahora necesitamos tiempo para hacer el proceso a la inversa. Ten claro que UN DÍA MALO NO TRANSFORMA TODA TU REALIDAD. Que, si ya estás tratando de mejorar algo en tu vida, cada día que lo intentas suma y cada bache también. No estás retrocediendo ni lo estás haciendo mal. Te estás esforzando y los momentos más complicados también te enseñan que queda mucho por recorrer, pero que ya estás en el camino, ¿me explico? Si no estuvieras ahí, avanzando, con el objetivo puesto en ti y en tu felicidad, esos baches no existirían; estarías en tu zona de confort, por dolorosa que fuera, manteniéndote con el agua al cuello como has aprendido a hacer durante tanto tiempo. Lo estás haciendo bien. Muy bien. Confía en el proceso y entiende que nada es lineal, que cada etapa es necesaria para comprender mejor cómo sanar y, si lo haces acompañada (espero que sí, de corazón), siempre tendrás a alguien que te sostenga. Así que ¡vamos! ¡Confío en ti! ¡Solo falta que lo hagas tú!

Algo que también me ocurrió en mi proceso de recuperación fue que, cuando empecé a ser consciente de todo lo que había pasado en mi vida, a comprender mi responsabilidad en las cosas que habían sucedido, y reconocí objetivamente mi forma de gestionar las situaciones y de actuar durante esos años, sentí mucha culpa. Culpa al pensar en las personas a quienes había podido herir con mis actos, por haberme hecho tanto daño a mí misma, por haber tratado mal a personas de mi entorno en momentos delicados. Todavía hoy lidio con ella muchas veces. ¿Sabes qué me ayudó? Escuchar a mi terapeuta el día que me dijo:

> Mara, no es lo mismo culpa que responsabilidad. Tú tienes responsabilidad en todo lo que ha pasado en tu vida, porque eras parte activa de la situación, pero vivirlo con culpa no te permite avanzar. Tuviste tu responsabilidad y en cada momento lo hiciste lo mejor que supiste, así que lo idóneo será que te perdones a ti misma, porque lo hiciste todo lo bien que pudiste en ese momento, y también que perdones a los demás porque ellos también lo hicieron lo mejor que supieron.

En ese momento me quedé casi paralizada. Me costó convencerme de que todo aquello era posible y de que en eso consistía perdonar a los demás y a una misma. Me costaba imaginar una vida sin fustigarme por cada error, pero…, si lo pensaba bien…, es cierto que siempre hice las cosas lo mejor que pude en cada momento y que arrastrar tanta culpa no me estaba ayudando… ¿Qué podría pasar si indagaba en ello? Pues que, una vez más, le encontré sentido a muchas cosas vividas. Soltar la culpa no es algo fácil porque nos han educado bajo la premisa de errar y sentirnos culpables por ello, pero en realidad es la única forma que tenemos de vivir una vida funcional y soltar todo el lastre para poder avanzar. El resumen sería:

- No es culpa tuya tener pensamientos arraigados en ti, pero sí es tu responsabilidad qué hacer con ellos. ¿Te suena la típica frase de «Yo soy así»? Esa que normalmente utilizamos cada vez que actuamos de una forma poco respetuosa o empática con los demás para justificarnos. No es tu culpa, porque todo eso procede de la educación y los valores que has recibido, del contexto sociocultural y económico al que perteneces, de las creencias que se han ido grabando en ti. Pero cuando llegas a un cierto nivel de conciencia, es momento de asumir tu responsabilidad y tu capacidad para mejorar ciertas cosas. Puedes elegir, aunque no sea sencillo, cambiar tus creencias por unas más funcionales y acordes a la persona que quieres ser; o puedes elegir eliminar viejos patrones de conducta que te alejan de ti misma. No es fácil, insisto; lo mejor siempre será hacerlo acompañada de profesionales que sabrán guiarte, pero la recompensa vuelves a ser tú. ¿No te parece tentador intentarlo? ☺

- No es culpa tuya haber ganado o perdido peso, pero sí es tu responsabilidad desde qué punto lo gestionas. Ojo a esta, porque tiene más tela de la que parece. Esta responsabilidad siempre estará condicionada por un sistema que no deja de presionarnos para que adelgacemos, lo cual complica mucho gestionar los cambios de nuestro cuerpo desde un lugar de aceptación y no de rechazo. Podemos hacer un trabajo enorme de aceptación corporal, buscar la neutralidad hacia nuestro cuerpo, pero seguiremos estando condicionadas por una sociedad que nos dice todo el tiempo cómo debemos vernos para ser consideradas válidas y bellas. A lo que me refiero es a que, si tenemos esto muy muy muy claro y grabado a fuego, es nuestra responsabilidad hacernos dueñas de nuestras decisiones y de nuestras creencias para con nuestro cuerpo. ¿Vamos a seguir permitiendo que sean los demás quienes nos digan cómo debemos ser? ¿Vamos a seguir creyendo que los cambios que puedan darse en nuestro cuerpo son negativos y merecemos odiarnos por ello? Puedes empezar por ti. Aunque a nivel social todavía sigamos sin ver grandes cambios. Puedes asumir esta responsabilidad y comprometerte contigo misma, con nadie más, para empezar a ser quien tú decidas ser y para vivir cualquier cambio aceptando que este es una parte intrínseca de la propia vida.

- No es culpa tuya haber tenido actitudes gordófobas durante todo este tiempo, pero sí es tu responsabilidad qué haces con eso a partir de hoy. La información está ahí fuera. Yo he sido tremendamente gordófoba durante mucho tiempo, incluso a veces hoy sigo siéndolo, pero por lo menos tengo la capacidad de darme cuenta, de identificarlo y corregirlo. Tal y como te he dicho antes, no es culpa tuya haber pensado de esa manera, pero sí es tu responsabilidad decidir si lo vas a seguir haciendo igual ahora que sabes lo que sabes. No va a ser fácil, deconstruirse no es un camino de rosas porque muchas veces te va a tocar enfrentarte a tu propio ego, pero es la única vía posible si pretendes mejorar como persona cada día y en cada oportunidad que tengas.

• Deja de culparte por lo que hiciste y empieza a responsabilizarte de todo aquello que está en tu mano mejorar. «Pasado pisado», ya lo decía la canción. Lo hiciste lo mejor que supiste con las herramientas que poseías. Tenías y sigues teniendo derecho a equivocarte y también a rectificar, así que vamos, adelante, con todos esos errores y aciertos que te han hecho ser quien eres y que te han permitido decidir quién quieres ser de ahora en adelante.

En lo que a mi proceso personal se refiere, me convencí de que existía una vida mejor para mí y de que mi situación, como todo problema, tenía solución. No puedo darte otro secreto milagroso. Me convencí de que todas esas personas que aseguraban que uno podía cambiar y dejar de actuar de una forma poco beneficiosa tenían razón, y no he parado hasta confirmarlo. Y sí, lo era.

Los primeros meses de «despertar» no fueron fáciles. Mi psicóloga me ha repetido varias veces que mis ganas de crecer han sido mi mejor motor porque de no haber sido así, siento que me hubiera rendido mucho antes. Al principio percibía este camino como una lucha eterna contra mí misma, contra todos esos pensamientos que llevaba años alimentando y contra todas las formas de actuar que, más o menos funcionales, me han mantenido «a salvo» durante más de media vida. En este camino hay mucho que analizar, mucho que cuestionarse, muchas preguntas que hacerse, mucho que observar de ti misma y de tu forma de actuar. Al principio sentí varias veces que no iba a conseguirlo. La ira que trataba de evitar, mi inseguridad y todo lo que acarreaba seguían ahí. ¿Por qué no desaparecían? Me desesperaba. En ese momento yo también creía en el botón mágico «fijaautoestimas» que lo solucionara todo, pero me di cuenta de que no funcionaba así. Seguía buscando sanar desde el rechazo porque todavía rechazaba a la Mara herida. Rechazaba las emociones que a mi parecer no eran buenas y todos mis errores, a la vez que me culpaba por ellos. Y por ahí tampoco es.

Solo desde el amor a una misma es posible sanar de verdad. Desde el amor a tus capacidades, a tu vida, a tu historia, a tu gente. Desde ese amor con el que naciste, que habita en ti desde siempre pero que te han enseñado a olvidar. En el momento en el que te convences de que te toca a ti vivir la vida que mereces es cuando parece que entra algo de luz en el camino.

Y entonces sientes paz.

Cuando abrazas el llanto incontrolable porque eres capaz de ver su origen. Cuando sientes la ira dentro de ti y sabes el porqué. Cuando eres capaz de SENTIR y ser dueña de tus emociones, lo cual no significa reprimir ni castigar, sino entender su funcionalidad, darles espacio y a la vez decirles: «Te veo, gracias, pero ahora puedo actuar de otra forma», «Gracias por querer salvarme» o «Gracias por sacar la fuerza para decir o hacer esto», entre otros. Entender nuestras emociones y darles cabida es también parte de aceptarnos. No somos más débiles por llorar o muy gruñones por enfadarnos, solo juzgamos lo que sentimos cuando no entendemos su función. Sintamos y dejemos sentir porque desde ese lugar empieza a reinar mucho más la calma. Después de haber pasado toda la vida oyendo que era «la llorona» y la de mal carácter, me costó muchísimo aceptar mis emociones y saberme capaz de gestionarlas yo en vez de ellas a mí.

Al poco tiempo de empezar la terapia, comencé a engordar. Algo muy normal en el proceso de recuperación de un TCA. Cuando el cuerpo lleva mucho tiempo restringiendo, no entiende que se trata de un proceso voluntario, así que a la mínima que las conductas restrictivas y compensatorias cesan, su mecanismo de defensa es almacenar. El cuerpo es mucho más inteligente de lo que pensamos, pero nos han hecho creer lo contrario. Lógicamente lo único que podía pensar en ese momento, después de años de esforzarme tanto para mantener el peso, era: «Oh, no, ¿esto es lo que va a pasar ahora?». El miedo seguía ahí, me costaba no oponer resistencia a la idea de engordar y tener el cuerpo que siempre había rechazado. Todavía pensaba que quizá después volvería a adelgazar cuando mi cuerpo «se estabilizara», por lo que la idea de perder peso no se iba del todo. Seguía sintiéndome poca cosa al lado de A. J. Los celos me invadían a cada rato. Dentro de mí se despertaba una voz sumamente cruel que me planteaba los peores escenarios y que me terminaba generando una ansiedad brutal. Seguía mirando los ingredientes de forma obsesiva, medía cada cosa que comía, contaba los pasos que caminaba y las calorías que quemaba «solo para llevar un poco de control», evitaba reuniones sociales con comida de por medio. En definitiva, los cambios se han ido viendo con el paso del tiempo y he podido valorar cada pequeño logro que después ha implicado otro, y así sucesivamente.

No sabría decirte qué vino primero, en mi caso fueron detalles: un día comí pasta y no sentí culpa, otro día pude comer delante de personas nuevas, otro pude mirarme desnuda frente al espejo sin sentir rechazo (aunque tampoco amor; sentí más bien compasión y respeto), un día noté que no sentía miedo de perder a A. J. por otra mujer que pudiera parecerme más atractiva, otro hice la compra sin mirar las etiquetas, otro comí cuando tuve hambre. Para mí, este camino ha sido y sigue siendo una sucesión de «minisorpresas» que me sacan una sonrisa. De repente, caigo en la cuenta de que he vivido algunas de estas cosas de manera sumamente distinta a como hubiera sido hace un tiempo y, entonces, no puedo evitar sonreír y pensar «Qué guay se siente esto». Como ya te he contado, todavía hay días en los que siento que vuelvo al punto de partida, pero al rato me doy cuenta de que no (y pese a estar mal, me lo recuerdo constantemente a modo de mantra), por cómo gestiono, siento, respiro. Los automatismos de antes cada vez son menos automáticos. Cada vez salen más a relucir las herramientas nuevas que he aprendido, las cosas que ahora me ayudan a vivir como yo quiero y no como mi mente me manda.

Por eso te digo que siempre avanzas. Aunque creas que no. Aunque sea lento. Habrá momentos mejores y peores, claro que sí, ¿quién vive constantemente en la cima? Pero cada día que pase sabrás sostener la caída mejor, con más compasión y menos reproche hacia ti. Luces y sombras, altos y bajos..., no lo olvides.

En medio de todo esto, tomé una decisión que sin duda ha cambiado mi vida. Le ha dado tal vuelco que he considerado oportuno dedicarle su propio capítulo.

¿Seguimos?

Capítulo 7

Madre de croquetas

GENTE GORDA HACIENDO COSAS,
¿dígame?

Te han bloqueado en Instagram. Vale, ¿qué crees que ha podido pasar?

No lo entiendes, tú solo dabas tu opinión. Vale, veo que respondiste a veinticinco stories seguidos con todos los sinónimos de la palabra «gorda» y te dedicaste a comentar sobre su salud en treinta y cuatro posts. Pero no entiendes qué ha podido pasar. Claro, que si se expone en redes es lo que hay, que existe la libertad de expresión.

Creo que te olvidas del derecho al honor y a la integridad que la propia Constitución recoge, por lo que cuando la incitación al odio o la violencia aparecen, como es este el caso, no existe libertad de expresión; en realidad, eso se llama violencia. Considero que sería interesante que revisaras con profesionales tu necesidad de hacer daño a otros para sentirte bien.

Gracias por tu llamada.

El 18 de mayo de 2020 decidí abrir la cuenta de Instagram *Cro-quetamente*. Estaba en pleno momento de recuperación, ya llevaba meses con el «clic» activado y sentía que necesitaba compartir mi camino y mis experiencias con otras personas que pudieran necesitar oírlas o con las que quizá pudiese crear una comunidad para darnos apoyo. A veces, en mi cuenta personal había compartido cosas sobre el tema, pero me seguían muchas personas de mi pasado, también gente con la que apenas tenía confianza, y me resultaba incómodo abrirme sobre algo tan íntimo que, además, llevaba muchos años ocultando y viviendo en silencio. Fue así como un día, sentada en la butaca del salón, me dije: «¿Y si abro otra cuenta?». Y para allá que fui.

Tocaba decidir el nombre. Todos sabemos que esto es importante, más que nada porque es con lo que la gente te va a recordar y reconocer. No quería algo común y mi cuenta personal ya lleva mi nombre completo; tenía que ser algo diferente y único, porque así sería el contenido, pero no quería caer en algo tipo «La historia de Mara» o «Mi camino con un TCA», así que me dediqué a buscar juegos de palabras que me sacaran una sonrisa y sintiera que fueran «muy yo». Hacía tiempo que en mi entorno y en mi cuenta personal de Instagram hacíamos la broma de mi pasión por las croquetas de mi yaya Virtu. Cada vez que compartía historias hablando sobre ellas, la gente se reía mucho y empecé a ganarme el mote de «Madre de Croquetas» en honor a la protagonista de *Juego de tronos,* que es la «Madre de Dragones». El término «croquetas» ya me rondaba por la cabeza. Pero croquetas ¿y qué más? Debía tener sentido con lo que iba a contar en la cuenta. Entonces caí en que llevo años teniendo de estado de WhatsApp «¿De qué hablamos *croquetamente*?». «Croquetas» para esa parte mía más alocada y dicharachera, «mente» porque en realidad todo lo que iba a tratar tenía relación con ella. ¿Y si era ese el nombre?

Ya veis que la historia de mi cuenta tiene poco de misterioso. Fueron más bien un cúmulo de casualidades molonas que me llevaron a ella, pero la verdad es que me encanta. Además, no nos engañemos, es muy divertido ver cuántas personas lo dicen correctamente o se confunden entre «croqueta» y «cocreta». Todos reímos, así que misión cumplida.

En esa cuenta pretendía compartir el camino que había recorrido durante todos estos años, contar mi historia con el TCA, mis sensaciones al tener baja autoestima, cómo estaba siendo el proceso de recuperación. Desde el principio me sentí muy cómoda y arropada, aunque también fue algo complicado porque hubo muchísimas personas de mi entorno que se enteraron de la mayoría de mis problemas al leer y escuchar mis posts. También conocí a mucha gente nueva que estaba pasando por lo mismo que yo y que comprendía mi sentir. En resumen, el viaje ha sido espectacular. Me he sentido feliz y agradecida cada vez que una persona nueva llegaba a mi cuenta y se quedaba. He celebrado con muchísima ilusión cada nueva «croquetilla», tal y como bauticé a los miembros de mi comunidad. Ha sido y es muy terapéutico abrirme en este tema de la forma en que lo hago. Me ha permitido sentirme menos sola, menos rara, me ha ayudado a comprender mejor muchas cosas, a conocer a personas maravillosas, incluidas profesionales del ámbito: psicólogas, nutricionistas, doctoras..., que me han puesto delante el enfoque que sigo hoy en día y que me ha permitido empezar a vivir de una forma más funcional y compasiva. *Croquetamente* me ha dado tanto desde el momento en que nació...

Unos meses más tarde, el 2 de febrero de 2021, decidí subir un vídeo que me hacía troncharme de risa y con el que esperaba sacar una sonrisa a mi comunidad. Ya había empezado a introducir en el contenido algún vídeo de concienciación en clave de humor y me sentía supercómoda. En este caso, elegí el formato de la creadora de contenido británica Cara MacB (@cara_macb, por si quieres buscarla en redes). Ella, en su sección «OBCC» (*Obese Bitches Creating Content*), atendía a gordófobos por teléfono y daba solución a sus «problemas», y de ahí nació «Gente Gorda Haciendo Cosas». Mi idea era traducir uno de sus vídeos (mi favorito), así que hablé con ella para pedirle autorización, ella aceptó y lo preparé para subirlo. Lo hice con muchas ganas de ver la reacción de mis croquetillas, pero nunca imaginé el impacto que podía llegar a tener y, aunque suena a frase típica, no puedo decirlo más en serio.

El vídeo se viralizó esa misma noche, tanto en TikTok como en Instagram, por lo que a la mañana siguiente tenía muchos mensajes de amigos míos tipo: «Te has hecho viral», «Mira la que se ha liado con el vídeo», «Sales en tal periódico», «Te ha compartido tal persona famosa». Sé que quizá cuesta entenderlo, pero me fue difícil gestionar toda esa oleada. Estuve varios días sin poder comer, con el estómago superrevuelto y mucha mucha mucha ansiedad. A todo esto, yo trabajaba en una tienda, por lo que tocaba seguir con el ritmo de siempre y hacer como si nada estuviera pasando. Iba a trabajar, cada vez que miraba el teléfono me daba un retorcijón, recibía llamadas de la prensa y de personas que jamás hubiera imaginado, y vuelta a empezar. Muchas veces, con mis amigos, había fantaseado con el momento de «hacerme viral» o tener una gran cantidad de seguidores. Nos planteábamos cómo nos sentiríamos, cómo se daría la situación, pero la realidad (como siempre) superó a la ficción. No esperaba tantas muestras de cariño, que la gente empezara a valorar el contenido que llevaba meses subiendo o que les pareciera tan interesante ese formato para comprender mejor la gordofobia desde el humor. Aunque fue una sensación maravillosa, y lo lleva siendo desde entonces, yo seguía muy apegada a la opinión externa y me daba TERROR recibir el linchamiento que solía ver en redes sociales. Al fin y al cabo, estaba hablando de temas muy controvertidos e irritantes para muchas personas, y sentir que se podía repetir ese bullying que había vivido en la infancia pero de forma masiva, justo en el primer momento de mi vida en el que me permitía ser vulnerable, me daba mucho miedo. Leía los comentarios, entraba a la bandeja de solicitudes de mensajes con miedo a no saber lo que podía encontrarme. Ha sido complicado. Por suerte, el amor y el cariño de todas las personas que habéis llegado a mi cuenta (estoy segura de que sois la mayoría de quienes están leyendo este libro) lo ha compensado todo.

A partir de ese momento, las cosas han ido muy rápido. Siempre digo que he tenido que aprender a surfear la ola montada en ella, porque no he tenido tiempo de asimilar cada paso y tratar de adaptarme a mi ritmo, sino que ha sido un poco «sálvese quien pueda». Para mí, poder trabajar por primera vez en algo que amo y que se acerca mucho a mi vocación de actriz, que es precisamente por lo que llevo años luchando y formándome, es un regalo. A los dieciséis años fui monitora en un parque infantil donde se celebran fiestas de cumpleaños. Compaginaba ese trabajo con los estudios de la carrera profesional de actriz y también asistía a clases de danza y teatro. Después fui profesora de inglés durante cinco años, también compaginados en su mayoría con mis estudios y con otro trabajo de dependienta por las mañanas y camarera los fines de semana. Entre medias, durante cuatro temporadas de verano, me fui a trabajar como animadora turística a distintos lugares de Cataluña. Trabajé como *au pair* en Suiza, como agente de ventas en una empresa de alquiler de coches, en un *food truck* de la feria donde se servían perritos calientes y salchipapas, como repartidora de *flyers*, como instructora de zumba y pilates, como teleoperadora comercial (de las que llaman a la hora de la siesta para venderte una oferta). Y de contrato corto a contrato más corto todavía. De todos los trabajos que he hecho me he llevado algo. Algunos me han encantado, otros han sido un verdadero infierno; unos han sido sumamente duros a nivel emocional, otros a nivel físico; los hay que me han enseñado a detectar la violencia en el ámbito laboral, otros que me han hecho darme cuenta de mi capacidad y fortaleza real; he encontrado personas maravillosas por el camino y otras que me han complicado tremendamente el día a día, pero agradezco cada oportunidad porque me ha permitido crecer y valorar todo lo que he conseguido.

Lógicamente me hubiera encantado incluir en la lista mis trabajos como actriz y cantante, pero lamentablemente han sido sumamente puntuales. Yo me las apañaba de mil formas para asistir a castings, pero no hubo suerte. Algún bolo suelto como cantante, algún videoclip entre amigos. Recuerdo que muchas veces me sentaba al borde de la cama al llegar de trabajar y me preguntaba: «¿Hasta cuándo? ¿Cuándo me toca vivir de lo que realmente amo?». Sé que hay personas que no consideran esto importante y, como ya he dicho, agradezco cada paso que he dado a nivel laboral porque me ha enriquecido muchísimo. Pero una sabe lo que ama hacer y de lo que es realmente capaz. Para mí sí es importante dedicar mi vida a algo que amo, algo en lo que creo que puedo aportar un valor, y que sea un propósito de vida con sentido. Está bien que tú no lo sientas así, pero solo quiero recordarte que si hoy te sientes perdida y crees que nunca vas a lograr lo que siempre has querido, quizá solo necesitas un poco más de tiempo o mirar un momento hacia dentro para conocerte bien y estar segura de tu camino. A veces luchamos tanto que cualquier contratiempo se percibe como un fracaso, por pequeño que sea. Yo siempre he tendido a confiar poco en la vida y a ser muy impaciente con mis progresos. Si algo no salía como yo quería, en mi cabeza aparecían los monstruos con el «No eres suficiente», y para qué queríamos más. No voy a decirte que «si quieres, puedes» o «lucha por tus sueños», porque creo que son frases que no siempre suman. Pero lo que sí puedo decirte es que cuando me he permitido confiar en la vida y en cada parte del camino por complicado que sea, he aprendido de cada paso; cuando he trabajado en mí y he ido a por todas para conocerme y sanar mi interior, se han abierto puertas que jamás imaginé, empezando por encontrar el verdadero propósito de mi vida y el «para qué» de todo lo vivido.

Nunca me había planteado cualquier otra ruta para mi vida que no fuera ser actriz. Actriz de las que viven de ello, de las que tienen una casa grande y bonita, se pasean por alfombras rojas y salen en las marquesinas de los autobuses. Yo quería ser actriz de la forma en la que se veía en mi imaginario, ¿me explico?, y que nada se saliera de ahí. Pero es que la vida a veces tiene otros rumbos para nosotros, caminos que se parecen pero no son iguales. Hoy en día me están pasando muchas de las cosas con las que soñaba en mi «vida ideal», pero la realidad no se parece a ella. La vida me está ofreciendo oportunidades soñadas en un contexto superdiferente y mucho más enriquecedor, y siento que todo me ha llegado en el momento oportuno. La realidad es que ser una actriz gorda en este país no es fácil, y con el estado de mi autoestima durante todos los años en los que estudiaba y asistía a castings, cada «no» me parecía una verdadera derrota. Tolerar la frustración cuando sabes que gran parte del motivo por el que no te cogen en el trabajo que deseas es por ese cuerpo que llevas toda la vida odiando no ayuda, y la resistencia a que las cosas sean distintas a como lo imaginas, tampoco.

Yo no me quería, no me sentía válida ni suficiente, no confiaba en mis capacidades y talentos, no me sentía merecedora de la vida que soñaba, porque seguía estando gorda. Y hasta que no he sanado todo eso y me he dado cuenta de que *la gente gorda hace cosas* (ese guiño bueno ahí), no he podido encontrarle sentido a todo lo vivido. Solo desde que me he conocido de verdad, con amor y compasión, he podido descubrir el para qué de cada situación que me ha hecho ser quien soy. No podía trabajar como actriz desde el miedo: miedo al qué dirán, a la exposición, a que se rían de mi cuerpo, a no hacerlo lo suficientemente bien, a que me rechacen. No podía tener esa vida que soñaba si no me atrevía a dar los pasos necesarios fuera de mi zona de confort, ni podía disfrutar de verdad de trabajar de mi vocación desde esa falta de seguridad y esa sensación de no merecer lo que sueño. Era sencillamente imposible.

Cuando yo sano, las cosas se van poniendo en su sitio.

Y me conozco, me entiendo, me respeto, me valoro, me siento suficiente y **ocupo el espacio que merezco**. Esta frase me la dijo por primera vez una actriz con la que hice un curso de cámara. Nos conocimos apenas dos horas antes de pronunciarla, pero no dudó: «Deja de tener miedo, de pedir perdón por ocupar el espacio que ocupas. Es tuyo». Fue un comentario superrevelador y desde entonces me acompaña. Como ser humano, ocupo un espacio en este mundo. No solo un espacio físico y literal, sino un espacio donde aporto lo que tengo y lo que soy. Ese «aquí estoy yo» que tanto miedo nos da decir cuando tenemos inseguridades. Sin embargo, al contrario de lo que solemos pensar, esto no tiene nada que ver con la vanidad, sino con reconocernos merecedoras y válidas.

Un ejemplo de «momento chispa» (esos en los que la vida te pone delante aquello que llevas tiempo deseando y, cuando lo piensas, dices: «*Wow*, que ya lo tengo») ha sido el proyecto *Gordas,* que ya será una realidad cuando leas estas páginas, y es la primera producción teatral en la que participo como actriz profesional. Vamos, que por fin voy a estar semanalmente en el teatro... ¡y cobrando! No a cambio de invitarme a cenar o «para darme a conocer» (esto es algo muy común en el mundo artístico, lo de creer que los artistas trabajamos «por amor al arte», ¿sabes?). Más allá de las maravillosas condiciones en las que por fin puedo recibir el trato profesional que llevo años esforzándome para conseguir, *Gordas* es un verdadero sueño llevado a la ciudad donde tantas veces quise trabajar: Madrid. La «chispa» de esta historia es que pocos días antes de recibir la llamada de

«Estás dentro» por parte del equipo, me habían rechazado en la que yo creía que era «la oportunidad de mi vida»: el personaje perfecto en uno de mis musicales favoritos. Sentía que aquella sería la primera vez en que la frase «No entras en el perfil» no se repetiría, pero no fue así. Viví ese momento con verdadera frustración y resignación, y temí que mi sueño de ser actriz nunca llegaría. Tampoco sé si después de *Gordas* eso será posible, pero nada puede hacerme más feliz que este regalo que me ha hecho la vida junto a Carlos, Teresa, Isa, Alejandro y todo el equipo que hay detrás de esta producción. No solo por tener la oportunidad de subirme al escenario para dar lo mejor de mí, sino por poder hacerlo siendo yo, sin peros ni excepciones. Trabajar con un equipo que no solo cree en ti desde el principio, sino que además valora tu trabajo con admiración y cariño, que te impulsa a ser mejor, que escucha tus necesidades. Es, honestamente, de los mejores regalos que me ha hecho la vida. Siento que, si después de este proyecto no volviera a trabajar como actriz..., por lo menos me habré quedado a gusto. *Gordas* ha llegado en el momento que tenía que llegar, y estoy preparada para dar el mensaje que quería. Ha sido un viaje tan emocionante. ¿O lo seguirá siendo? Mientras escribo esto no puedo evitar sonreír al pensar: «¿cómo habrá ido *Gordas* en el momento en el que estén leyendo esto? ¿Seguiremos actuando? ¿Estaremos de gira? ¿Tendremos ya una serie?». Oigan, ¡quién sabe! La cuestión es que sé perfectamente que en otro momento de mi vida no hubiera podido dar lo mejor de mí en este proyecto. La Mara de ayer no hubiera podido disfrutarlo de la forma en que hoy lo hago, ni tampoco hubiera imaginado que viviría un proyecto así. Hoy sé que *Gordas* es el proyecto de mi vida porque, independientemente de lo que pase después, entiendo que este tenía que ser mi primer trabajo profesional, no podía ser de otra manera, porque *Gordas* es mi historia, mi herida sanada, el mensaje que quiero lanzar al mundo. ¿Cómo no voy a creer en que todo llega cuando sanas?

A eso me refiero cuando te digo que no desistas, que confíes, que aprendas de cada paso, de cada tropiezo; que inviertas tiempo y amor en ti, porque es lo que te vas a llevar de esta vida; que te cuestiones, te conozcas, te preguntes si el rumbo que toma tu vida es el que realmente deseas y que, con todo eso, aprendas a encontrar esos «momentos chispa» que te dejan un rato con la sonrisa tonta puesta. Cuando estamos obcecados en lo que no tenemos, en lo que nos falta, en lo que no hemos conseguido, es superdifícil darnos cuenta de lo que sí. Yo he tenido muchas cosas, muchas, que no agradecí. Estaba tan centrada en el tamaño de mi barriga y en la talla del pantalón, en las cosas que no llegaban a mi vida, que las cosas buenas me pasaban desapercibidas. Claro que a veces cuesta encontrarlas o agradecer lo que tenemos. Claro que hay veces que no somos capaces de verlo. He estado ahí, en esa oscuridad absoluta, en esa sensación de que «no tengo nada que agradecer», pero te prometo, de verdad que te prometo, que poner el foco, aunque sea un segundo, en algo que sí puedes agradecer te hace salir durante ese momento de la oscuridad, parece que la presión del pecho pesa menos y que, por un instante, entra un poquito de luz. Como todo, acaba siendo práctica. Yo empecé agradeciendo cosas externas a mí porque era incapaz de apreciar mi cuerpo, de ahí que te diga que comprendo todas las dificultades que puedas atravesar hoy con respecto a esto. Agradecía mi casa, mi trabajo, mis bienes materiales y las personas de mi entorno que me quieren. Después empecé por agradecer estar viva, que parece moco de pavo, ¿eh? Pero que sigamos resistiendo un día más pese al dolor y a las circunstancias..., ¿realmente nos parece algo menor? Desde ahí, poco a poco, pude ir agradeciendo funciones vitales de mi cuerpo: a mis pulmones por respirar, a mi corazón por latir, a mis órganos por funcionar. Hasta que ocurre. Y un día te pillas agradeciéndole a tu barriga que te proteja los órganos que hay debajo. Te pillas agradeciendo a tu piel que esté ahí, a todas y cada una de las partes que has rechazado durante años porque hoy entiendes que, joder, pese a todo, ahí siguen.

No te digo que sea fácil, créeme que no, pero más difícil es no intentarlo. Al principio de mi recuperación, siempre pensaba: «Ya sé lo que es no hacer nada al respecto, quedarme frustrada por mi vida y mi situación, sentir que no tengo salida. ¿Qué pierdo por intentar esto? Si no funciona, pues a otra cosa». Yo también estuve en ese plan de no creer que lo mío tuviera solución y pensaba que estas cosas eran chorradas, pero, seamos sinceras: ¿qué perdemos por intentarlo? ¿Y qué ganamos? La recompensa a todos los esfuerzos que hagas por ti, tu recuperación y tu bienestar eres tú. Tú, en tu máximo esplendor. No desistas.

Quién me iba a decir a mí —una chica acomplejada desde que tiene uso de razón, que siente que su vida es tan corriente y no termina de estar completa, que sueña pero tiene miedo— que encontraría el propósito de mi vida a través de contar mi propia historia y sanar mis heridas. Me harté de creer que yo no podía. Me convencí de que había otra vida para mí, porque en el fondo de mi corazón yo sentía eso. En la última capita de mi cebolla, yo sentía que tenía derecho a ser feliz y que tenía que haber otro discurso para mí que no fuera el de los complejos y el del malestar. Y no, mi vida de ahora no es tal y como la imaginé. Es incluso mejor.

Por eso, no temas al cambio. No temas a que el camino sea distinto a como lo imaginaste. Si vas con la mente y el corazón abiertos, con el trabajo personal hecho, con la confianza en ti, en tu camino y en tus capacidades. Si consigues deshacerte de todas esas expectativas y esos «deberías» que nuestro ego marca sobre las cosas que vivimos..., es mucho más probable que des con otros lugares igual de interesantes o más que te permitan conocerte mejor, descubrir partes de ti que nunca habías explorado y aportar algo que jamás hubieras imaginado. Nada en este mundo es estático; el cambio es necesario, es evolución, es la vida en sí misma, y sé que muchas veces le tenemos miedo porque cambiar nosotros implica que toda nuestra vida y lo que nos rodea también se va a transformar, pero confía en mí si te digo que solo se van a mover las piezas que necesitas para tu crecimiento y tu felicidad. No le temas a ser diferente, a cambiar de opinión; más bien preocúpate el día que dejes de hacerlo. El día que dejes de tener inquietud por aprender cosas nuevas, el día que dejes de querer ser mejor persona. Está claro que mucha gente te va a reprochar haber cambiado, pero esto es sinónimo de estar viva y, a veces, esos cambios son necesarios para que algo mejor entre en nuestra vida. Así que, por si hoy lo necesitas: permítete cambiar, porque si tu corazón te lo pide, es porque algo en ti lo necesita.

Siento que *Croquetamente* me ha cambiado en muchos aspectos. Aparte de que para mí es mucho más que una simple red social, siento que todo lo que he vivido y vivo a diario gracias a ella me hace crecer y por supuesto doy gracias todos los días sin excepción por haber logrado crearla y poder disfrutar tanto como lo hago. Claro que el camino no siempre es fácil, exponerte en redes sociales es mucho más complicado de lo que parece.

Yo misma solía juzgar a las influencers cuando las oía quejarse del cansancio o por recibir críticas. ¿Veis como nunca se puede escupir al cielo? Porque luego vuelve de bajada. Y ahora me toca aprender a mí.

Aprender a ser más tolerante, a escuchar mucho más a mi ego, a mis heridas..., pero también a mi intuición, conocer y afianzar mis valores, a ser más empática, a escuchar con el corazón a los demás. Sin embargo, como todo, hay días en que lo llevo mejor y otros peor, pero estoy feliz de poder sacar por lo menos una moraleja.

Ser creadora de contenido, influencer o activista no es fácil porque te pones constantemente en la diana pública, donde cualquiera puede lanzarte su opinión como si de un dardo se tratara. Lógicamente, recibir opiniones no está mal; es sumamente enriquecedor, de hecho. El problema viene porque se ha difuminado demasiado el límite entre opinar y herir, entre libertad de expresión y violencia.

Antes te decía que, cuando mi cuenta se hizo viral, me daba terror recibir odio de forma masiva. Esto ya lo había visto antes en usuarios de otros perfiles que lo habían pasado muy mal por este tema y que incluso se veían obligados a desaparecer de las redes sociales, que al fin y al cabo son su puesto de trabajo. Efectivamente, yo también empecé a recibir comentarios muy desafortunados, aunque lo cierto es que en menor cantidad que los mensajes de amor y apoyo que siempre recibo, pero parece que estas personas «hacen más ruido» y consiguen que su mensaje nos cale más en el corazoncito. «Ya verás cuando te explote la patata por gorda», «Dos segundos después se le paró el corazón», «Te dejamos comer en paz, a ver cuánto más duras», «Tengo derecho a no querer vivir en un mundo con gordos», «Gente muriendo de hambre y tú comiendo doble». Son algunas de las perlas que yo y otras muchas compañeras nos encontramos en el día a día de nuestra labor.

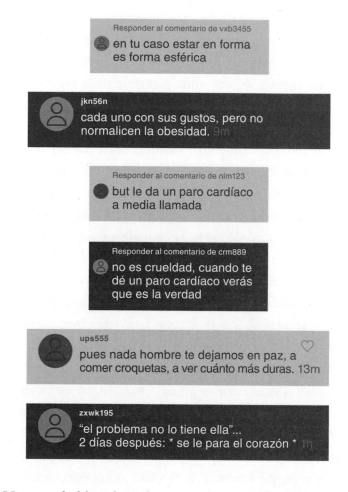

Responder al comentario de vxb3455
en tu caso estar en forma es forma esférica

jkn56n
cada uno con sus gustos, pero no normalicen la obesidad. 9m

Responder al comentario de nlm123
but le da un paro cardíaco a media llamada

Responder al comentario de crm889
no es crueldad, cuando te dé un paro cardíaco verás que es la verdad

ups555
pues nada hombre te dejamos en paz, a comer croquetas, a ver cuánto más duras. 13m

zxwk195
"el problema no lo tiene ella"...
2 días después: * se le para el corazón * 1h

Vamos a hablar claro de esto: tal y como he mencionado a lo largo del libro, alguien que hiere a otro no hace más que proyectar su propia herida. Es un hecho que cuando una persona está bien, es feliz, se encuentra a gusto con su vida, se considera alguien pleno..., no necesita pisotear a otra persona. Es así de sencillo. Y esto puede crear muchas resistencias en nuestro interior por querer seguir amparándonos en nuestra «libertad de expresión» mal entendida, pero es que una cosa no quita la otra. Que vivamos en un país de libre expresión es algo maravilloso porque significa que puedes tener tu propia ideología y opinión sobre las cosas. Ahora bien, aparte del hecho de que la libertad de uno termina donde empieza la del otro y, por lo tanto, no podemos ampararnos en ella cuando estamos coartando o hiriendo a alguien, ¿por qué necesitamos imponer nuestra opinión a los demás? Cuando criticamos a una persona, le hacemos saber lo mal que le queda el vestido, lo fea que nos parece, lo mal que creemos que está haciendo las cosas..., ¿de verdad queremos seguir defendiendo que es nuestro derecho a la libertad de expresión? Cuando una persona necesita imponer su opinión o su verdad por encima de otra, sin ni siquiera tener en cuenta cómo se puede sentir el receptor, no busca nada más que sentirse moralmente superior a la otra persona y dejarle claro quién es mejor en ese aspecto. Lo cual significa, una vez más, alimentar a nuestro ego y su deseo de que la gente tenga claro «quién manda aquí».

No somos tan importantes para el resto del mundo. Esa es la verdad. Yo misma tengo que recordármelo muchas veces cuando entro en bucle por lo que los demás puedan pensar sobre mí o cuando debato por algo que me molesta. Yo debo ser importante para mí misma, ante todo, para ponerme en valor y concederme el lugar que merezco, pero de puertas afuera, solamente somos seres humanos que compartimos un espacio y tratamos de aportar algo con nuestras ideas. Y ya. Mi opinión sobre las cosas y el valor que les doy no es responsabilidad de los demás, sino mía. Siempre va a haber gente que discrepe de nosotros y piense diferente, es normal y está bien que así sea. Nuestras opiniones podrán importarle a la gente que nos quiere o a aquella que acude a nosotros porque cree que podemos aportarle algo. Aun así, siempre que demos una opinión debemos hacerlo con respeto, cariño y empatía, igual que nos gusta recibirlas, básicamente porque cuando lo hacemos de forma imperativa y sin tacto no estamos ni dando una opinión ni siendo sinceros, sino que estamos siendo violentos. No es lo mismo sinceridad que «sincericidio» y últimamente los confundimos demasiado. Es curioso, porque las frases que empiezan con «Te lo digo por tu bien...», «Yo que tú...» o «En mi humilde opinión...», entre otras, garantizan en el trescientos por ciento de los casos un final con una opinión cero asertiva y, probablemente, cargada de pasivo-agresividad. Ya, lo siento, tía Merche, porque seguramente lo que tengas que decirme respecto a esto es que lo haces con la mejor intención y por ayudar a la gente a la que quieres, peeero te confirmo que hablar sin tratar de entender lo que siente el otro, desde el privilegio de tu propia situación, y sin tener en cuenta que el tono que utilizas puede hacerle sentir mal..., no ayuda.

«Entonces ¿qué? ¿No puedo dar mi opinión sobre ningún tema?», se preguntarán algunos. Claro que puedes. Tener conversaciones enriquecedoras con personas que opinan distinto a ti es maravilloso cuando se hace con respeto y empatía. Esas son las dos claves. Lo que no podemos hacer es vivir pensando que la otra persona **necesita** nuestra opinión o nuestro consejo, porque lo único que pretendemos es cambiar su forma actual de verlo. Creer que nuestro parecer es mejor que el de los demás es vivir desde el ego. Entender esto en mi proceso terapéutico ha sido verdaderamente crucial. Aprender a ver al ego como un mecanismo de supervivencia que gestionas tú, y no al revés, es la mejor forma de empezar a vivir desapegado de todas esas creencias, miedos, ideas por las que literalmente nos despellejamos con tal de defenderlas e imponerlas ante los demás. ¿Quiere decir eso que debo perder mis valores o mis creencias? CLARO QUE NO. Los valores que nos definen como personas son absolutamente necesarios y siempre habrá cuestiones que defendamos porque nos parezcan importantes, pero llega un momento en el que dejas de querer debatirlo todo con personas que opinan distinto y tomas la decisión de centrarte en ti. Yo, por ejemplo, me dedico a divulgar sobre la aceptación corporal y la gordofobia. A diario me topo con personas que intentan derribar este mensaje, veo vídeos en los que se lanzan mensajes superofensivos hacia nosotras y en los que nos tratan de conformistas por, según ellos, «no esforzarnos en adelgazar y ser felices». Al principio invertía MUCHÍSIMO tiempo y energía en hacerles entender nuestro parecer y el sentido real de nuestro mensaje. Me encargaba de dar cobertura en mi perfil a los mensajes gordófobos que se hacían virales, a todas las injusticias que sentía que arañaban directamente las heridas de mi pasado y, por supuesto, voy a seguir defendiendo aquello que me parece justo y denunciando lo que no me lo parece. La diferencia radica en que yo decido cuándo y con quién merece la pena invertir esa energía, en vez de sentir esa especie de obligación por hacerlo sí o sí, porque muchas veces me es más productivo dedicarla a aquellos que realmente me importan: mi comunidad, todas las personas que todavía sienten vergüenza y miedo por ser quienes son, esas que día a día me escriben para decirme «Me ayudas», «Me inspiras», «Gracias, porque tu labor me anima a creer en mí». Porque cuando me sentía la mismísima Juana de Arco luchando contra las injusticias, para empezar lo único que hacía era discutir con personas que en realidad no tenían ganas de entender otra postura y solo querían herirme con sus palabras. Yo solo intentaba convencerles de la mía a toda costa y, en muchas ocasiones, provocaba sin querer que otras personas recibieran esos mismos mensajes de odio que tanto me han hecho sufrir a mí. Fue así como llegué a la conclusión (y gracias también a mi psicóloga) de que ese no era mi propósito en la vida. Mi propósito no puede ser convencer a otros de que yo tengo razón ni intentar cambiar la forma de pensar de todo el mundo. Debo asumir que hay gente que no va a cambiar, que va a seguir criticando y despreciando a las personas por su físico porque creen que estar gorda es cuestión de dejadez y estar delgada, cuestión de actitud. No voy a poder contribuir a cambiar la forma de pensar de quienes no están abiertos a cuestionarse o a analizar sus creencias, pero sí puedo invertir toda esa energía en las personas que necesitan el mismo cobijo que he necesitado yo durante años. Mi propósito está en las personas que ya saben que así no podemos seguir, aquellas que entienden que como seres humanos tenemos la posibilidad de evolucionar y que cuestionarse y revisarse no es algo malo, más bien todo lo contrario. Porque ellas son quienes, al igual que yo, empezarán a pensar en sí mismas como seres válidos merecedores de respeto y amor y comenzarán a poner límites a esas personas y situaciones que no les permiten avanzar. De alguna manera, creo que esto provoca un «efecto dominó», ya que no hay nada mejor que predicar con el ejemplo de nuestra felicidad y nuestra plenitud a todo aquel que vive volcando sus heridas en los demás para mostrarle que de verdad se puede trabajar para ser más comprensivos y tolerantes. Al final, todos volcamos nuestras heridas de una forma u otra hasta que las sanamos. Siempre pienso que el hecho de que alguien sea capaz de decir según qué cosas o de escribir según qué comentarios definitivamente no habla de mí, así que esa tiene que ser nuestra premisa a la hora de gestionar estos mensajes de odio. Ojo, soy la primera que sigue sufriendo en muchos momentos con ciertos argumentos. De nuevo, esto no es pan comido de un día para el otro, pero la verdad es que da mucho gustito darse cuenta de que empiezas a gestionar algo de forma distinta y ya no dejas entrar a la gente con su basura en tu salón.

Ahora bien, habrá quien pueda decir: «Claro, pero esto son casos extremos. Yo no estoy siendo violenta al decirle a mi amiga que adelgace por su salud o al darle un consejo a la influencer de turno sobre su forma de vestir, porque le pongo emoticonos de unicornios y soy supermaja, solo es mi opinión...».

NO ESTÁ BIEN HABLAR SOBRE EL CUERPO DE LOS DEMÁS. FIN. Es que hay millones de temas de conversación que no giren en torno al cambio físico de alguien o a lo que debería o no hacer con su cuerpo según tu parecer. **No importa que esa persona exponga su vida en redes sociales, sea famosa u opine distinto a ti: todos tenemos derecho a habitar nuestro cuerpo en libertad y que eso no genere debate.** No conocemos la historia de la persona que tenemos enfrente y sobre la que vamos a opinar. No sabemos cómo puede impactarle y afectarle nuestro mensaje. La pregunta clave es: ¿qué necesidad tenemos de decirle eso? ¿Es realmente relevante y condicionante para su vida? ¿Nos ha pedido ese consejo? ¿Creemos firmemente que le va a hacer un bien? Porque habrá personas que nos pidan consejo, claro, pero ¿cómo lo damos? ¿Con amor?

¿De forma asertiva? ¿Cuidando nuestras formas? ¿Escuchando en todo momento las necesidades del otro? ¿O lo hacemos con un tono cargado de violencia con el que solo escupimos lo que pensamos sin tener en cuenta al otro?

Todos los días veo contenido en redes sociales que me parece innecesario o incluso a veces poco acertado. Todos los días. Hay casos en los que sí intento transmitirle a esa persona lo que me ha parecido el mensaje si siento que de verdad merece la pena iniciar un debate y tratar de entender nuestras posturas; pero en muchos otros casos, antes de que se me vaya el dedo para contestarle, me planteo si mis propias creencias interfieren en lo que veo, si no estoy teniendo en cuenta la realidad y el contexto de esta persona a la hora de compartir algo así y si necesito convencerla de que está equivocada sin tener en cuenta nada más. Y sigo adelante con mi día. ¿Para qué enzarzarme en algo que no nos va a aportar nada? ¡Con todo lo que hay donde sí puedo aportar! Ahora entiendo que no todos estamos en el mismo punto vital y que la gente, al igual que yo, también necesita tiempo para ver otras realidades y crecer como persona. Yo también criticaba otros cuerpos mientras tomaba café con mis amigas. Yo también dejaba comentarios innecesarios en redes sociales. Yo también pensaba que las personas gordas eran unas vagas cuando yo conseguía perder peso. Y he necesitado tiempo para cambiar todo eso.

Con mis amigas me pasa igual. A veces me comparten cosas que me hacen pensar «Pero, *xoxo*, ¿qué estás haciendo? ¡Sal de ahí! ¿Cómo no te das cuenta?». Pero entonces recuerdo la de veces que yo también he pasado por situaciones en las que he estado cegada y lo que menos necesitaba era el juicio de mi entorno. No me ayudaba que me hicieran sentir peor por lo que estaba viviendo, aunque a sus ojos fuera supersencillo solucionarlo. Debemos escuchar con amor, aunque bajo nuestro prisma sean chorradas, porque para la otra persona son importantes y, si acuden a nosotras, es porque creen que podemos aportarle una visión objetiva y desde el cariño. Evitemos las formas déspotas o autoritarias de tratar el sufrimiento de los demás, intentemos ponernos en la piel de los otros y responder con la misma empatía y paciencia con las que nos gusta que nos traten. Todos, al final, necesitamos ser escuchados y tratados con cariño. Recordemos siempre que todos lo hacemos lo mejor que sabemos y podemos en ese momento. Aunque a veces, a nuestro parecer, sea un desastre.

En las redes sociales todos los días vemos que muchas personas todavía no entienden esto. Personas que necesitan volcar toda su frustración y su dolor tras cuentas falsas o privadas con las que dejan comentarios de odio sumamente dañinos a otros usuarios, sin ni siquiera pensar en cómo pueden afectarles. Esa parte de la sociedad está ahí fuera y yo me propuse que formaran parte de mi divulgación, porque no podemos seguir haciendo como que no existen. No podemos invalidar lo que sentimos al recibir estos comentarios a golpe de «No hagas caso», «Pasa de ellos», «No les des importancia», cuando sabemos que el suicidio es una de las principales causas de muerte juvenil en nuestro país y que la mayoría de los casos están relacionados con el acoso. No podemos seguir mirando hacia otro lado cuando somos una sociedad con muchos bloqueos a nivel emocional y muchas dificultades para expresar con claridad cómo nos sentimos. Al bullying, al ciberacoso, al odio..., no se los combate ignorándolos. Se los combate con educación, hablando de ello, poniéndoles cara y voz, transmitiendo la importancia de no permitir cualquier tipo de violencia, trabajando en el bienestar emocional, dándole la importancia que tiene a la salud mental y su tratamiento. Prefiero pensar que si educamos a las personas en estos temas podemos evitar aunque solo sea un porcentaje del sufrimiento, en lugar de resignarme a pensar que «los niños son así» o que «la gente es muy mala». La sociedad está herida. Las personas miran poco hacia dentro y luego pasa lo que pasa. Muchos no saben expresar lo que sienten y la única forma que encuentran para hacerlo es mediante la violencia en todas sus vertientes. Ya vemos que, a nivel institucional, los cambios en estos aspectos son demasiado lentos y pequeños, así que, como usuarios, ¿qué hacemos al respecto? Yo, dejarme los dedos bloqueando a personas en redes sociales, claro está, pero también confiar en que una sociedad mejor es posible si abrimos el debate a estos temas en colegios, institutos, asociaciones, ayuntamientos, redes sociales, medios de comunicación. Que en todos los rincones se empiecen a abrir espacios seguros y se dejen de tolerar discursos de odio que solo nos perjudican.

Con el tema de la gordofobia, es absolutamente escalofriante comprobar el rechazo que genera en muchas personas. Nos llenamos la boca hablando de la paz en el mundo, del respeto..., pero que ese respeto no vaya dirigido hacia las personas gordas. Ahí nos ponemos tensos. Descubrí el término «gordofobia» gracias a las redes sociales, no recuerdo muy bien si antes de abrir *Croquetamente*, aunque seguramente fuese después. Como ya te he contado, una vez que decidí empezar a empaparme de información sobre alimentación intuitiva, enfoque HAES (Health At Every Size, o salud en todas las tallas), aceptación corporal, autoestima..., para mi recuperación, apareció inevitablemente el término «gordofobia» para ponerle nombre a todo lo vivido durante prácticamente media vida. Toda la violencia, la discriminación, los comentarios..., resulta que todo tenía un origen sistémico, institucional. Resulta que ahora tocaba desaprenderse de todo aquello que había creído como cierto y que no eran más que trampas de un sistema que nos quiere a todos con la mirada baja y el corazón escondido. Si ya resulta complicado interiorizar toda esa información y hacerle frente en tu propia vida, empezar a ser consciente de lo vivido, de lo que día a día sigue pasando y tratar de ponerle límites, hacer divulgación sobre ello para tratar de erradicarlo es otro nivel. Este es un tema mucho más complejo de lo que parece y no voy a ponerme demasiado técnica, porque hay otras compañeras que ya lo explican maravillosamente bien y a las que voy a dejar mencionadas en el anexo para que puedas animarte a conocer más sobre ello y muchas otras cuestiones. Lo que está claro es que seguir negando que la gordofobia es real es como negar que existen el día y la noche. Cada vez las pruebas de esta discriminación son más evidentes y, si en el día a día no os quedan claras..., podéis pasaros por las redes sociales. Allí vais a flipar.

Sabemos que el término «gordofobia» hace referencia al sesgo, a la discriminación y a la violencia que recibimos las personas gordas por el hecho de estarlo. Es un rechazo sistémico porque va más allá de una percepción personal, ya que implica que toda una sociedad —mediante sus constantes mensajes sobre la belleza, el éxito e incluso la salud— hace distinciones según la corporalidad de los ciudadanos y decide tratar de forma despectiva a las personas gordas por considerarlas «culpables» de su cuerpo. Todas las personas, independientemente de nuestro tamaño corporal, estamos expuestas a la violencia estética y a la presión por encajar en los estándares marcados por la sociedad.

Esto significa que en ningún caso la lucha contra la gordofobia anula el sufrimiento de las personas delgadas, que también reciben comentarios sobre su cuerpo, sino que destaca que, además de esta violencia generalizada, las personas gordas tenemos un dolor añadido porque no se nos permite encajar sin que nos señalen de forma despectiva.

La cuestión es que la sociedad nos quiere delgadas, pero no mucho. A menos que quieras ser «el saco de huesos». Guapas, pero no mucho. Porque entonces harás que el resto de las mujeres sientan que deben competir contigo, la sociedad te acusará de tener una belleza falsa o, básicamente, te cosificará. Altas, pero no mucho. Bajitas, pero no mucho. Maquilladas, pero no mucho. Coquetas, pero no mucho.

Nos quieren inconformes con nuestro cuerpo y nuestra vida. Es su manera de tenernos pendientes a la forma de cambiar, de acercarnos a ese ideal de cuerpo perfecto, de belleza perfecta, incluso de mujer perfecta. A la sociedad, que tú te quieras le parece guay hasta cierto punto. Cuando te revelas, ya no le gusta tanto. Cuando te defiendes, ya no le gusta tanto. Cuando cuestionas lo que ves, lo que sientes y lo que piensas, ya no le gusta tanto. La conclusión a todo esto es que el problema nunca ha estado en nuestro cuerpo. Nunca. Por eso las personas delgadas también sufren al sentir que no son suficientes. La sociedad nos ha querido hacer creer durante décadas que tenemos esa responsabilidad sobre los hombros, y nos ha vendido la idea de que encajar es el camino a la felicidad; no nos ha enseñado el verdadero valor de admirar la diversidad corporal como lo que es: la vida misma. Por supuesto que todas queremos encajar. Va en nuestra naturaleza. No es fácil renunciar a todo lo que la sociedad propone: el consumo, la moda, los hobbies, las tendencias. A veces somos tremendamente duras con nosotras mismas por no poder soltar todas esas normas sociales, pero es que es realmente complicado. Para mí, el secreto está en ir tomando decisiones que te acerquen a ti, en ese autoconocimiento bien trabajado para poder saber qué decides tú y qué decide la sociedad por ti, y en esa importantísima autocompasión que te lleve a no machacarte por no tener siempre el control. Claro que me encantaría ser autosuficiente e independiente de todos los mensajes, ideas y normas sociales que recibo. Pero no siempre puedo. Otras veces sí soy capaz de decir: «Mara, esto no es tuyo y puedes decidir otra cosa», pero muchas otras no. Y en esos momentos también me valido porque lo estoy haciendo lo mejor que sé y que puedo con las herramientas que tengo. Por lo menos hoy estoy en un punto distinto al de ayer. Significa que avanzo.

Ahora bien, además de toda la presión estética, hay una realidad que no podemos negar y es que, en esta sociedad, todos tenemos una serie de privilegios. Yo, como mujer blanca, tengo privilegios sobre las personas racializadas, por ejemplo. Y como tal, debo asumirlos y decidir cómo puedo utilizarlos para un bien colectivo o, por lo menos, cómo no usarlos contra los demás. Así pues, no podemos seguir invisibilizando una realidad tan grande como que las personas con cuerpos normativos, es decir, los que más se asemejan al ideal de belleza estipulado por la sociedad, gozan de una serie de privilegios por encima de las personas gordas. Ojo, es importante entender que esto no significa ni que esos privilegios sean elegidos voluntariamente ni que las personas que los tienen sean culpables o responsables de tenerlos. La responsabilidad la tiene esta sociedad, que nos separa en vez de unirnos. De lo que sí son responsables las personas con cuerpos normativos es de utilizar esos privilegios de una forma constructiva, ser aliadas de las luchas que lideramos para la inclusión y el respeto hacia todos los cuerpos, en vez de echar más leña al fuego o de señalarnos desde su posición. Ahora bien, ¿cuáles son esos privilegios de los que muchas personas delgadas no son conscientes? Os expongo algunos con todo el amor y la intención de tratar de abrir un poco nuestra mirada:

- A las personas gordas, cuando vamos al médico, no siempre se nos realizan las pruebas diagnósticas necesarias para nuestra dolencia debido a que la consulta se centra en nuestro peso y su pérdida, sin saber realmente si esa es la causa o si tiene relación con la dolencia. Esto no solo añade más vergüenza corporal, sino que muchas veces pasan desapercibidas enfermedades muy graves que no son tratadas a tiempo. Esto provoca que, tal y como afirman los estudios, las personas gordas acudamos mucho menos al médico, reservándolo para cuando ya nos resulta imposible soportar el dolor o la molestia, lo cual agrava mucho los diagnósticos y atrasa el inicio del tratamiento necesario para la curación.

- En el mundo de la cultura, tal y como ya he mencionado anteriormente, es difícil encontrar espacios en los que las personas gordas aparezcan sin ser caricaturizadas o enfocadas como personas vagas, fracasadas, con vidas poco satisfactorias. En la ficción, son pocas las ocasiones en las que podemos ver a una persona gorda que no esté «haciendo de gorda» según esos estereotipos cargados de estigma. Una persona gorda no puede resultar atractiva, ni ser triunfadora, ni tener una vida plena que no se centre en la pérdida de peso o en querer encajar en la sociedad.

Si prestamos un poco de atención, encontraremos cientos de ejemplos de esto en películas, series, novelas...

- En el ámbito laboral, hay una desigualdad real a la hora de obtener un puesto de trabajo. Aunque esté igualmente cualificada, una persona gorda tiene menos probabilidades de conseguir un puesto que una persona con cuerpo normativo.

- En lo que respecta a la moda, hay marcas de ropa a las que está claro que una persona gorda no puede optar. Algunas directamente no fabrican un tallaje superior a la talla 42, por ejemplo, o solo ofrecen esas tallas vía online y no en sus tiendas, negando así la opción a probarse la prenda que se necesita *in situ* o el mero hecho de comprarla directamente en la tienda. Al final, a las personas gordas se nos recrimina muchas veces el uso de marcas que no tienen un proceso de fabricación sostenible, pero es realmente difícil optar a una moda que nos haga sentir cómodas y que encaje con nuestros gustos a la hora de vestir. De ahí que todas actuemos lo mejor que sabemos y que podemos.

- En la mayoría de las sillas —sí, la gordofobia llega hasta las sillas— no nos cabe el culo. Así de claro. Sillas de bares, butacas de teatro, asientos en el tren. ¿Qué cuesta hacerlas un poco más anchas para garantizar mayor comodidad? ¿Sabéis lo incómodo que es y la vergüenza que se pasa cuando te das cuenta de que no te puedes sentar en un sitio? Es injusto y absolutamente discriminatorio.

- Las personas gordas crecemos sin referentes positivos sobre cuerpos diversos, ya que estos siempre son objeto de burlas, memes y alarma social. Afortunadamente, cada vez somos más quienes nos decidimos a intentar ser referentes para los demás, pero yo crecí con series de televisión, películas y dibujos animados que solo incluían a personas gordas para reírse de ellas o utilizarlas como ejemplo de lo que uno no quiere ser. Lógicamente, todo esto afecta a nuestra percepción sobre los cuerpos de los demás y sobre el nuestro.

- Nuestro estado de salud siempre es un tema que debatir. Mirad, una gran cantidad de estudios científicos abalan que existe la posibilidad de estar sano en un cuerpo grande. Esto no significa que todos los cuerpos grandes lo estén, sino que PUEDEN tener salud, al igual que hay cuerpos delgados que están sanos y otros que, por desgracia, no. Sin embargo, más allá de esto, la cuestión es que no nos plantearíamos jamás ir a un hospital para increpar a los que están ingresados, ¿verdad? Es cruel y mezquino. Lo que sí nos parece lícito y moralmente correcto es cuestionar constantemente el estado de salud de las personas por su apariencia física. Tenga mejores o peores hábitos, tenga o no un buen estado de salud, ¿con qué derecho nos creemos para banalizar sobre su muerte o juzgarle por una cuestión así? ¿Por qué no nos suele preocupar de la misma forma la calidad de los hábitos de las personas delgadas?

Las personas gordas solo reclamamos RESPETO hacia nuestro cuerpo y nuestra vida. No entiendo de dónde surge esa necesidad de oponerse a esto. No comprendo en qué cree alguien que esto le puede afectar. Tener que leer frases como «A mí sí me importa que tú estés gorda porque pago impuestos en la sanidad de los que tú te aprovechas estando gorda» me da pena. Pena porque creo que es justo la guerra que la sociedad quería crear entre nosotros y que nos aleja de la empatía y el amor que realmente necesitamos para vivir en comunidad.

Me hace gracia que esas personas que aparentemente están tan preocupadas por la salud de los demás y por las crecientes cifras de obesidad en el mundo sean las mismas que no dudan en dejar comentarios como: «Sí, claro, hay que respetar a todo el mundo, pero las personas gordas tienen que cuidar su salud porque estar gordo es una enfermedad», «Si no adelgazas es porque no lo intentas lo suficiente», «Mostrando tu cuerpo promueves la obesidad y haces apología de la enfermedad». Como si ellas con sus comentarios cargados de ira y desprecio no fueran las que realmente nos hacen enfermar al generar vergüenza hacia nuestros cuerpos, al hacernos sentir inferiores a ellas, al hacernos creer que merecemos un trato peor por tener un cuerpo diferente al suyo, al impactar negativamente en nuestra salud mental y física, dados los enormes estados de estrés a los que nos someten SOLO POR EXISTIR Y HABITAR NUESTRO CUERPO. ¿No nos preocupaba la salud de las personas? Entonces ¿por qué no tenemos esto en cuenta? ¿Qué sabemos del contexto de esa persona y de su historia? ¿Algo aparte de nuestros prejuicios?

Seamos sinceras: ¿qué sientes al leer la palabra «obesidad»? Quizá también te pase con la palabra «gorda». Es bastante probable que te generen miedo, rabia, incomodidad, tristeza… Han dejado de ser palabras neutras. Han cobrado un significado negativo y violento que hace que quieras mantenerte alejada de ellas. Por eso es importante informarnos y reapropiarnos de esos términos que tanto nos han hecho sufrir. Porque merecemos darles un significado nuevo y perderles el miedo. Si tan preocupados estamos por la creciente situación de la obesidad y su impacto en la vida de las personas, ¿por qué no hacemos algo para mejorarla? ¿Estamos buscando soluciones más allá de las personas o de momento nos basta con responsabilizarlas a ellas? ¿Atendemos realmente a las personas o juzgamos un número? ¿Estamos ofreciendo un trato digno con el que las personas puedan sentirse acompañadas para mejorar aquellos aspectos de su vida que consideren necesarios o solo las estamos violentando para que huyan de su situación actual a cualquier precio? ¿Nos preocupamos realmente por la salud global de las personas más allá de su peso? ¿Estamos teniendo en cuenta la presión social a la que somos sometidas día a día? ¿Y la situación personal de cada una? ¿Y nuestra salud mental? ¿Pensamos cómo se puede ver afectada con cada comentario que habla de nuestro cuerpo o nuestra muerte?

La respuesta a todas estas preguntas está en los miles de casos de personas gordas que viven avergonzadas de sí mismas. Que viven con miedo al próximo ataque gordófobo que no saben por dónde les vendrá. Que siguen llorando frente al espejo, que siguen temiéndole a la comida y negándose el placer de hacer el tipo de ejercicio que más les guste por no ser «el que más grasa quema». El foco más importante que debemos atender está en todas esas personas que tienen miedo a ir al médico porque su cuerpo ha cambiado o porque, cada vez que van, reciben una regañina por su peso. Si en vez de atacar a las personas entendiéramos que su realidad siempre supera nuestros juicios y conjeturas sobre ellas, conseguiríamos el mundo de empatía y respeto en el que realmente creo.

Detrás de cada cuerpo hay una historia que desconocemos. Dejemos de juzgar a las personas sin conocer sus vivencias con el único fin de sentirnos superiores a ellas, más inteligentes, más atractivas, más sanas. Bastante difícil nos lo pone la sociedad todos los días, suficiente tenemos que trabajar en nosotras mismas para no ser engullidas por tantísima información que nos llega todos los días.

No me voy a cansar de defender la posibilidad de tratarnos mejor, a nosotras y a los demás, de vernos con una mirada más compasiva y amorosa solo porque no dejan de decirnos que eso son pasteladas y mensajes «de taza», pero es que ¿qué vida nos espera si no?

No me voy a cansar. Por más que algunos crean conseguirlo con sus ataques. Ya me hicieron callarme durante mucho tiempo.

Al que le moleste mi luz, que se tape los ojos.

Capítulo 8

Acepta y vuela

Wow... Llegamos al final. No me puedo creer que después de tantos meses y tantas horas en las que he sentido que no iba a lograrlo, llegaría a escribir las últimas páginas de este libro.

Creo que ya te he contado todo lo que te quería decir. Quizá este capítulo solo sirva para insistir una vez más en todo aquello que me gustaría que tuvieras claro.

Deseo tan fuerte que todo esto pueda ayudarte. Te prometo que he puesto mucha alma en cada página. En este libro hay trozos de mi vida que he dejado salir por primera vez, pero siento que si quiero hacer un bien, si realmente quiero transmitirte todo lo que soy, necesito que esos trozos de mí también sean tuyos.

Ojalá, después de leer estas páginas, te convenzas de que tienes una historia que merece ser valorada. Que eres tu mayor tesoro. No me gusta mucho la frase de «Si yo puedo, tú puedes», pero en realidad lo siento un poco así. Yo también he creído durante muchos años que no podría, que la felicidad no estaba hecha para mí y que nunca sería capaz de verme en el espejo, verme de verdad. Solo quiero animarte a que lo intentes una vez más, a que no desistas en encontrarte y darte el amor que te mereces, porque tienes derecho a todo eso y más. Has venido a brillar, amiga, que nadie te haga volver a creer lo contrario.

Que nadie vuelva a hacerte creer que mereces menos por cómo se ve tu cuerpo.

Tu cuerpo es tu templo, tú y solo tú sabes la verdad sobre ti, sobre tu vida, sobre tu historia, solo tú conoces tus «para qué». Y eso es lo único verdaderamente importante. Que te conozcas mejor que nadie para ser tú quien decida quién eres y qué quieres en tu vida. Que nunca más tu valía esté en las manos de otros que no dudarán en pisotearla, porque es tuya, y es grande. Que puedes sanar tu relación con la comida, que puedes moverte para admirar lo capaz que es tu cuerpo, que puedes cuidarte porque te quieres sin que tenga nada que ver con adelgazar.

Basta de lugares y personas que no te permiten ser tú.

Basta de ponerte en la última posición de la lista.

Basta de pensar que no mereces algo mejor.

Basta de dar espacio a lo que no te hace feliz.

Solo quiero que sepas que elegirte a ti es la mejor decisión que podrás tomar. Siempre. En los momentos malos pensarás que fue un error, pero después sabrás que fue una mala jugada de tu mente. Nunca te arrepentirás de cada paso que avances en pos de ti y tu recuperación. Te lo prometo.

Sé que quizá hoy no me crees. Sé que solo ves una cuesta arriba, pero quiero que sepas que puedes. Puedes subir esa cuesta y encontrarte a ti arriba. Y si no te ves capaz de subirla sola, encuentra la mano que te acompañe y agárrala bien fuerte.

Este es mi cuerpo.

El que me permite respirar, reír, llorar, comer, bailar...

El que cuida de todos mis órganos y los mantiene a punto...

Mi cuerpo ha resistido todos mis castigos, todo mi rechazo, las emociones más negativas que existen...

Y aun con todo eso, sigue cuidándome sin rendirse. Así que ahora soy yo quien decide no tirar la toalla.

Hay una sensación preciosa creciendo en mí que me permite respetar y amar las partes de mi cuerpo que siguen sin gustarme. Aquellas que llevo muchos años considerando peores, menos bonitas, las que siempre he querido borrar.

Esa sensación me permite alimentarme, moverme, relacionarme y tomar decisiones desde el amor y no el rechazo. Porque quizá esas partes nunca lleguen a gustarme y eso no es malo, lo malo es castigar a mi cuerpo porque existan.

No es fácil, no es rápido, no es una meta a la que llegas y ya. Es un camino lleno de decisiones conscientes, de incertidumbre y puntos donde cuestionarse. Es parecido a esos caminos llenos de maleza que, de repente, te llevan a un precioso paisaje con un lago color turquesa y cascadas inmensas. No puedo darte un plazo, ni tampoco un atajo. Solo puedo garantizarte que el camino de tu vida, tu crecimiento y tu encuentro contigo misma es simplemente MARAVILLOSO. Intenso pero reconfortante. No me gustaría que te lo perdieras.

Mi abuela Virtu siempre dice: «De los cobardes, no se ha escrito nada», así que vamos, valiente, porque yo sé que puedes. 🤩

Con todo mi amor,

MARA

Personalmente no soy muy fan de dar recomendaciones porque pienso que todo es tan subjetivo… Solo voy a recomendarte aquellas cuentas de redes sociales que me ayudaron en su día y que me siguen ayudando a inspirarme, motivarme y aprender. Yo adoro la lectura y también he encontrado varios libros superinteresantes, pero soy de las que piensan que los libros nos eligen de alguna forma, así que te invito a ir explorando hasta encontrar aquellos que te hagan cosquillitas en el *cuore*. ☺

Activismo y divulgación

@foodfreedomMX – Divulgación TCA

@sanamentemonica – Activismo contra la gordofobia, aceptación corporal

@lamagduchi – Activismo contra la gordofobia y fundadora de la plataforma **@stopgordofobiaoficial**

@weloversize – Autoestima, diversidad, activismo contra la gordofobia

@leocorro – Activismo contra la gordofobia

@soycurvy – Activismo sobre amor propio

@somoshaes – Profesionales de la salud con enfoque HAES: salud en todas las tallas

@vistetequevienencurvas – Moda *plus size*, amor propio

Divulgación de profesionales de la salud

@adrigimeno – Psiconutrición, salud emocional, TCA

@nutricioncontca – Dietista especializada en TCA y coach de TCA

@miriamsanchez.tcacoach – Psicóloga y coach de TCA

@nutriestrategic – Psiconutrición y salud integrativa, TCA

@lauraalberolapsicologia – Psicóloga especializada en TCA

@somosestupendas – Salud mental, bienestar

@sandranutricionholistica – Nutrición integrativa

@raquelobaton – Alimentación intuitiva, salud en todas las tallas, TCA

@ilanaborovoy – Alimentación intuitiva, salud en todas las tallas, TCA

@estoesnutricion – Formado por las nutricionistas **@stefyactiva** y **@nutritionisthenewblack**

@gu_nutricion – Nutrición y psicología

@nutricional_mente – Psicóloga y dietista nutricionista, TCA

@mariavelasco.nutricion – Nutricionista especializada en TCA

@mireiahurtado_mindful_eating – Psicóloga, dietista, aceptación corporal, TCA

@dietistanovata – Alimentación, relación con la comida

@yosoymasqueuncuerpo – Psicóloga especializada en TCA

@meryvinas_coach – Psicóloga, coach, alimentación intuitiva

@mariateresavalero_ – Psicoterapeuta, activismo contra la gordofobia

@analeonpsicologa – Psicóloga

@anapsicologamadrid – Psicóloga, terapia breve estratégica

@miananutri – Nutricionista especializada en TCA

@proyecto_princesas – Proyecto de visibilidad y apoyo a los TCA

«Para viajar lejos no hay mejor nave que un libro».

EMILY DICKINSON

Gracias por tu lectura de este libro.

En **penguinlibros.club** encontrarás las mejores
recomendaciones de lectura.

Únete a nuestra comunidad y viaja con nosotros.

penguinlibros.club

Penguin
Random House
Grupo Editorial

 penguinlibros